Gefühle entdecken und achten

Ein Übungsbuch

Klaus Blaser

Gefühle entdecken und achten

Ein Übungsbuch

Nachdruck 2025
Erstausgabe 2015
Erschienen im Synergia Verlag, Alle, JU/ CH,
eine Marke der Sentovision GmbH/ S.A.R.L.
www.synergia-verlag.ch

Vertrieb und Ansprechstelle für die Produktsicherheit in der EU:
Synergia Auslieferung GmbH
Industriestr. 20
64380 Roßdorf
info@synergia-auslieferung.de

Die original Ausgabe erschien 2012 unter dem Titel „Gevoelens komen en blijven“, im Verlag De Driehoek in Rotterdam, Niederlande

Umschlaggestaltung, Gestaltung und Satz: FontFront.com

Printed in EU
ISBN: 978-3-944615-31-8

Bibliografische Information der Deutschen Bibliothek
Die Deutsche Bibliothek verzeichnet diese Publikation in der deutschen Nationalbibliografie; detaillierte bibliografische Daten sind im Internet unter http://dnb.ddb.de abrufbar.

Für meine Tochter Michelle

Inhalt

Einführung

„Wie geht es mir jetzt, welches Gefühl nehme ich in diesem Augenblick bei mir wahr?" Diesem Gefühl, ganz egal wie es sich anfühlt, stimme ich jetzt voll zu.

So lautet die Achtsamkeitsübung, die wir in diesem Buch genauer betrachten werden. Je mehr wir über diese Achtsamkeitsübung erfahren, desto klarer wird es, wie die Gefühle uns helfen und weiterbringen können.

Wenn wir innehalten, in uns gehen und mit unseren Gefühlen körperlich in Verbindung treten, werden wir Erstaunliches entdecken. Wir werden sehen, dass Gefühle kommen und bleiben. Sie verweilen ein Leben lang in uns und überleben uns manchmal sogar. Wir werden bemerken, dass alte, zuweilen uralte Gefühle, sich in unserer Gefühlswelt eingenistet haben. Dann stellen wir fest, dass wir zwischen aktuellen und alten Gefühlen unterscheiden können und dass diesem Unterschied eine große Bedeutung zukommt. Wenn wir ganz genau hinschauen, spüren wir plötzlich, dass ein alt vertrautes Gefühl gar kein eigenes Gefühl ist, sondern von einem Mitmenschen bei uns vor Jahren eingepflanzt wurde und seither irrtümlicherweise als zu uns gehörig weiter wuchs und von uns umsorgt wurde. Wenn wir regelmässig innehalten und uns ein Gefühlsbewusstsein erwerben, werden wir imstande sein, unseren Mitmenschen unsere Gefühle auf eine selbst gewählte Art und Weise zu zeigen. Das Erlernen dieser vielen neuen emotionalen Fähigkeiten beginnt mit dieser einfache Übung.

Ich schlage nun vor, dass Sie ohne Vorkenntnisse und ohne Einblicke in die verschiedenen Schichten dieser Übung, eine erste Kostprobe machen.

Wahrnehmen

Halten Sie einmal kurz inne und fragen Sie sich:
„Wie geht es mir, welche Gefühle nehme ich jetzt bei mir wahr?

Benennen

Lauschen Sie nach innen und versuchen Sie das Wahrgenommene zu benennen.

Bereits hier, beim Benennen, könnten erste Schwierigkeiten auftauchen. Da es im Rahmen dieses Buches das erste Mal ist, dass Sie sich diese Frage so stellen, dürfen Sie auch mit einer weniger präzisen Beschreibung des wahrgenommenen Gefühls zufrieden sein. Auch für erfahrene und präzise „Gefühlsbeschreiber" können die nachfolgenden Einsichten zu hilfreichen neuen Erkenntnissen führen.

Zustimmen

Nachdem Sie Ihre Befindlichkeit mehr oder weniger in Worte gefasst haben, stimmen Sie mit lauter Stimme diesem Empfinden zu.

Zum Beispiel: Wenn Sie eine Neugier verspüren, dann sagen Sie gut hörbar: „Das ist in Ordnung, dass ich jetzt eine Neugier verspüre, ich stimme dieser Neugier zu". Sitzen Sie gerade im Flugzeug oder auf einer voll besetzten Terrasse, dann sagen Sie in Gedanken: „Es ist in Ordnung, dass ich jetzt eine Neugier verspüre".

Änderung der Befindlichkeit

Vielleicht empfinden Sie durch die Benennung und die Zustimmung zum momentanen Gefühl eine Änderung Ihrer Befindlichkeit. Nehmen Sie bei sich eine gewisse Skepsis wahr, dann versuchen Sie doch gleich die Übung ein zweites Mal auszuführen. Nochmals: „Ich spüre eine Skepsis und das ist o.k." Schauen Sie was passiert, wenn Sie diesem zweiten Gefühl auch zustimmen. Auf die eintretenden Änderungen werden wir zu einem späteren Zeitpunkt zurückkommen. Es kann sein, dass Sie kaum einen Unterschied zwischen Ihrem Wohlbefinden vor oder nach dem Zustimmen bemerken. Auch wenn Sie keine Veränderung bemerkt haben, wird diese Übung nach einem gewissen Training viel bewirken können.

Wir haben bisher Wörter wie „Empfinden", „Spüren" und „Befindlichkeit" verwendet, die alle etwas über unseren emotionalen Zustand, über das vorherrschende Gefühl aussagen. Die Übung wird uns mit unserer höchstpersönlichen Gefühlswelt in Kontakt bringen. Diese Welt ist nicht für jeden gleich gut zugänglich, kann aber durch ein einfaches regelmässiges Training für jeden erschlossen werden. Eine aktive und bewusste Verbindung zu unserer Gefühlswelt wird uns emotionalen Reichtum schenken. Die Übung öffnet uns die Türe zur Gefühlsschule für Erwachsene. Wenn wir behutsam in das Schulgebäude eintreten, werden wir bemerken, dass uns alles irgendwie vertraut vorkommt. Als Sie als kleines Kind die Gefühlswelt entdeckten, hat Sie irgendwann jemand oder etwas aus der Gefühlswelt herausgeschickt oder herausgezerrt. Wie dies genau geschehen konnte, werden wir in einem späteren Kapitel noch sehen.

Seither haben viele von uns die Gefühlsschule gemieden und sind in einem großen Bogen um das Schulgebäude herumgelaufen. Jetzt haben Sie die Möglichkeit, die Gefühlsakademie wieder zu besuchen. Sie sind nicht der einzige Erwachsene, der mit Sehnsucht auf den Wiedereintritt in die Gefühlswelt wartet.

Achten Sie einmal darauf, was Sie in den letzten Jahren über Gefühle im Allgemeinen und über ihre eigenen Gefühle im Besonderen dachten. Ich habe einige diesbezügliche Glaubenssätze gesammelt und liste nachfolgend die häufigst genannten auf: Vielleicht erkennen Sie den einen oder anderen Glaubenssatz, der Ihrer Sichtweise ganz ähnlich ist:

- Gefühle muss man im Griff haben.
- Es gibt gute und schlechte Gefühle.
- Unangenehme Gefühle soll man meiden oder so schnell wie möglich loswerden.
- Gegen unerfreuliche Gefühle hilft Ablenken am besten.
- Gefühle kann man steuern, don't worry, be happy.
- Emotionen kommen und gehen.
- Unangenehme Gefühle sind schlecht.
- Man ist glücklich, wenn man keine negativen Gefühle hat.
- Gefühle sind stärker als wir.
- Es ist besser, gar keine Gefühle zu haben als negative.
- Positiven Gefühlen kann man nicht trauen.
- Häufig erlaube ich mir nicht, angenehme Gefühle zuzulassen.
- Freudige Gefühle kann man nicht festhalten.

Die Sätze klingen, wenn man sie so liest, recht harmlos, sind es aber keineswegs. Diese Glaubenssätze sind so prägend, dass sie unsere Beziehungen und unsere Zufriedenheit, unsere Gelassenheit, unsere Zuversicht und vieles mehr bestimmen. Die genannten Axiome können unserem Leben über Jahre einen Stempel aufdrücken. Wir können unzufrieden sein, eine innere Leere verspüren, eine Riesenmenge an Energie in sinnlose innere Kämpfe investieren, ohne zu durchschauen, dass unser Unglück mit unseren Glaubenssätzen über Gefühle zusammenhängt.

Es gibt nicht nur individuelle Glaubenssätze über Gefühle, die meist innerhalb von Familie oder Kultur von Generation zu Generation weitergegeben werden, sondern es gibt auch psychologische und philosophische Richtungen, die behaupten, Gefühle seien unwichtig, flüchtig oder einfach nur Konstruktionen. Ich werde hier nicht versuchen, anhand einer eigenen Theorie dies zu widerlegen, sondern ich werde Ihnen dabei helfen, mit der erwähnten Achtsamkeitsübung die Bedeutsamkeit der Gefühle selbst zu entdecken. Wenn wir von Gefühlen sprechen, können wir darüber reflektieren, aber auch gleichzeitig die Gefühle direkt wahrnehmen und uns mit ihnen körperlich verbinden. Wir werden uns in diesem Buch intensiv mit der Leiblichkeit unserer Gefühle auseinandersetzen. Wir werden gemeinsam erarbeiten, wie wir einen Bezug zu unserer Gefühlswelt herstellen können.

Einführend möchte ich noch darauf hinweisen, dass es nicht damit getan ist, die Übungen nur mal für eine Weile auszuprobieren. Nur wenn Sie das Training bis zum Ende des Buches täglich vielleicht zehnmal machen, ist die Chance groß, dass Sie nie mehr einen Tag erleben möchten, ohne sich gefragt zu haben: „Wie geht es mir jetzt?" Wenn Sie jetzt auf Ihr Leben zurückblicken und zählen könnten, wie viele Tage Sie gelebt haben, ohne Ihre Gefühle bewusst gespürt zu haben und ohne klares Wahrnehmen, wie es Ihnen ohne Gefühlsbewusstsein geht, dann könnte es sich ohne weiteres um hunderte, wenn nicht gar tausende von Tagen handeln. Wenn Sie jetzt entscheiden, dies in Zukunft zu ändern, können Sie sich auf hunderte, ja tausende von intensiven Momenten freuen. Auf Augenblicke, in denen Sie spüren, zu leben und im Hier zu sein, und bemerken, welch glücklicher Gefühlsmensch Sie sein dürfen.

1

Wenn das Üben Freude bereitet

Wir werden uns nachfolgend den beschriebenen Achtsamkeitsübungen widmen. Vereinfacht dargestellt können wir drei Formen von Übungen unterscheiden.

Die erste Übungsart besteht darin, dass wir durch systematische Tätigkeiten eine Fertigkeit erwerben möchten. Hierbei handelt es sich um etwas Neues, wie es zum Beispiel ein Kind erlebt, das einen Schwimmkurs besucht, oder ein Erwachsener, der eine neue Sprache erlernen möchte.

Bei der zweiten Übungsform geht es darum, möglichst große Geschicklichkeit zu erwerben, also in einer Fertigkeit perfekt zu werden. Der Pianist wiederholt eine bestimmte Passage hundertfach, um dem Musikstück den letzten Schliff zu geben. Er will sein Können perfektionieren und versucht, im Rahmen seiner Möglichkeiten eine maximale Virtuosität zu erreichen.

Die dritte Form des Übens betrifft das Wiederauffrischen einer vernachlässigten Fähigkeit. Ein altes Know-how wird reaktiviert und zur vollen Entfaltung gebracht.

Bei den Gefühlen werden viele von uns mit der dritten Form des Übens beginnen. Wie wir kurz angedeutet haben und wie wir später noch genauer sehen werden, waren wir als kleine Kinder fähig, uns mit unserer Gefühlswelt in Verbindung zu setzen und achtsam zu sein – wir konnten gar nicht anders. Diese Fähigkeit haben viele von uns, meist unbewusst und ungewollt, über viele Jahre vernachlässigt. Das Üben dient zu Beginn also dazu, wieder mit dieser Fähigkeit vertraut zu werden. In einem zweiten Schritt werden wir unser Können perfektionieren und gleichzeitig viel Neues dazulernen – unter anderem, indem wir uns ständig unsere neu gewonnenen Einsichten vergegenwärtigen.

Die Achtsamkeitsübung betrifft das Wiedererlernen und Auflebenlassen einer essentiellen menschlichen Fähigkeit und ist das Rüstzeug für ein zufriedenes Dasein. Das Üben ist nicht ein mühsames Einstudieren einer Geschicklichkeit, sondern das bewusste Praktizieren der achtsamen

Wahrnehmung. Diese Gefühlswahrnehmung probeweise zu beeinflussen, erfordert zu Beginn viel Disziplin. Die Selbstdisziplin wird dank der wohltuenden, gleichzeitig auftretenden achtsamen Selbstwahrnehmung sofort belohnt. Dies vereinfacht das Üben wesentlich.

Wenn wir das Stadium erreicht haben, in dem uns die gefühlsregulierende Wirkung unserer körperlichen Selbstwahrnehmung bewusst wird, entsteht der Wunsch, die wieder erworbene Fähigkeit im Alltag zu integrieren. Dann erfordert die Einbettung in unsere alltäglichen Verrichtungen keine Disziplin mehr. Dieses Stadium erreichen wir, indem die Achtsamkeit, das bewusste Spüren unserer Gefühle, zu einem Automatismus wird, der genau so selbstverständlich ist, wie er es im Kindesalter einmal war. Das Integrieren unserer Gefühle in unser Leben wird zu einer hohen Lebensqualität führen.

Damit kommen wir zum Ziel der Übung. Wenn wir mehrmals pro Tag innehalten und uns immer wieder dieselbe Frage stellen: „Wie geht es mir jetzt, was spüre ich gerade in diesem Augenblick?" – welcher Absicht folgen wir damit? Wenn wir es zu einer gewissen Fertigkeit gebracht haben, werden wir zu jedem Zeitpunkt imstande sein, achtsam zu handeln. Sobald wir einen Bezug zu unseren Gefühlen hergestellt haben, sind wir zeitgleich in unserer Innenwelt angekommen. Wir sind in unseren psychischen Innenraum zurückgekehrt und stehen wieder in Verbindung mit unserer Gefühls- und Erfahrungswelt. Über diesen psychisch-seelischen Raum werden wir im nächsten Kapitel mehr hören. Wie wir sehen werden, ist das Wissen über diesen Innenraum die ideale Voraussetzung, Achtsamkeit zu erleben.

Das erworbene Gefühlsbewusstsein wird unsere Grundhaltung zum Leben ändern, wird unseren Gefühlen den gebührenden Platz in unserem Dasein zurückgeben und uns eine Balance zwischen einer besinnlichen und aktiven Existenz möglich machen, wird unsere Selbst- und Fremdwahrnehmung verfeinern und uns die Mittel geben, intensiv und in positivem Sinne am Leben teilzuhaben.

Ich habe diesen Satz mehrmals korrigiert, weil ich vermeiden wollte, dass ich Sie mit falschen Versprechungen enttäusche. Doch so wie der Satz jetzt formuliert ist, repräsentiert er das realistische Potential der Übung. Auch wenn Sie die Ziele der Übung am Ende des Buches vielleicht noch nicht vollständig erreicht haben, hoffe ich, Heilendes angeregt und den Umgang mit Ihren Gefühlen zu einer freudvollen Tätigkeit gemacht zu haben.

2

Wo sind meine Gefühle?

Dieses Buch handelt von Achtsamkeit und Gefühlen. Jeder von uns weiß, was mit Gefühlen gemeint ist. Jeder erinnert sich, kürzlich oder vor längerer Zeit starke Gefühle erlebt zu haben. Wo sind die Gefühle von gestern oder die von vorgestern? Stimmt es, dass Gefühle kommen und gehen, einfach so, wie eine Wolke über uns ziehend, einmal Regen bringend, einmal Schnee? Wenn sie die Wolken sind, sind sie dann außerhalb unseres Körpers? Sind es die Regentropfen, die auf unserer Haut die Gefühle spürbar machen? Sind Gefühle im Körper, sind sie irgendwo im Bauch oder in der Herzgegend, oder sind sie im Kopf mit modernen bildgebenden Verfahren nachzuweisen? Oder werden die Körperveränderungen zum Hirn geleitet und führen dort in einer bestimmten Region zu einer Hirnaktivität? Und wenn ein Teil des Gehirns zum Beispiel bei starker Angst im Computerbild aufflackert – was ist mit der Angst, wenn in dieser Hirnregion nichts mehr aufleuchtet? Ist die Angst dann verschwunden, vorbeigezogen oder wurde sie weitergeleitet und irgendwo anders gespeichert? Dies sind spannende Fragen, mit denen sich Psychiater, Neurobiologen und Philosophen noch nicht lange intensiv beschäftigen. Inzwischen können fast jeden Tag in einer Zeitung oder Zeitschrift über neue Gefühlserkenntnisse lesen. In diesem Buch, im vorliegenden „Gefühlsmanifest", werden wir zu einigen der aufgeworfenen Fragen einen neuen Zugang finden.

Wie schon angedeutet besitzen wir eine Gefühlswelt, in der wir unseren Gefühlen begegnen können. Es gibt also einen Raum, in dem die Gefühle aufbewahrt werden, in dem sie einen Platz finden und auffindbar sind. Dieser Raum, diese Gefühlswelt, ist ein Teil unseres Innenlebens. In dieser Innenwelt verweilen auch unsere Erfahrungen, unzählige Bilder und viele Ansichten über Gott und die Welt. In diesem Innenraum wohnen wir, da sind wir zu Hause.

Wenn diese Gefühlswelt ein Teil des Innenlebens ist, wo ist sie dann – doch im Bauch oder doch im Kopf? Wir können uns in diesem psychisch-seelischen Innenraum durch unsere Aufmerksamkeit und unser Bewusstsein bewegen. Wir können diesen Raum mit einem Garten vergleichen, in dem Pflanzen, Sträucher und Bäume verschiedene Gefühle darstellen. Das Schöne an diesem Gartenbild ist, dass Gefühle wachsen, sich entfalten und blühen können. Zudem zeigt sich mit dieser Metapher, dass Gefühle ein sich gegenseitig beeinflussendes System bilden und ein sensibles Biotop formen.

Die Gefühle befinden sich also in einem Raum, den wir Innenleben, Gefühlswelt oder psychisch-seelischen Raum nennen können (siehe Abbildung 1).

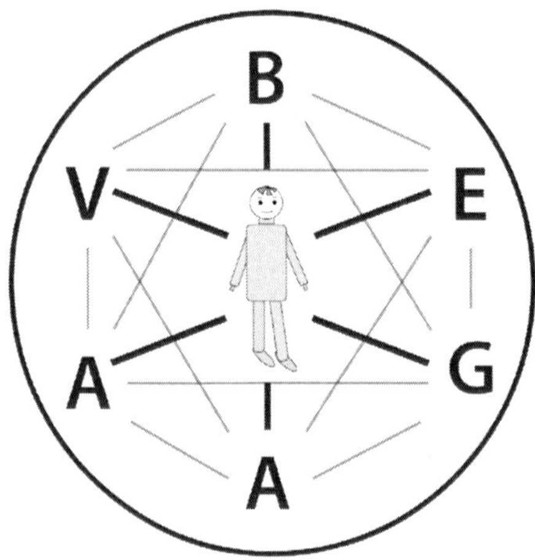

Abbildung 1: Psychisch-seelischer Innenraum mit Leib und BEGAAV-System. B=Bilder, E=Erfahrungen, G=Gefühle, A=Ansichten/Glaubenssätze, A=Aufgaben, V=Verantwortung.

Dieser Ansatz hat weitreichende Konsequenzen. Unter anderem zeigt er, dass die Gefühle nicht einfach vorbeiziehen, sondern dass sie vielleicht nur kurz unsere Aufmerksamkeit erhalten. Die Gefühle ändern sich nicht, weil sie kommen und gehen. Was sich ändert, ist unsere Aufmerksamkeit oder auch unser Standort in diesem Raum und unser Blickwinkel, den wir wechseln können (Blaser, 2008). Dies können wir anhand eines Beispiels illustrieren: Wenn wir jemanden, den wir liebten, verloren haben, dann empfinden wir eine tiefe Trauer. Die Trauer nimmt, verständlicherweise, in den ersten Tagen und Wochen einen wichtigen Platz ein. Sie erhält in unserer Gefühlswelt einen unübersehbaren Standort. Trotzdem können wir wegschauen, können wir uns einem anderen Gefühl in unserer Innenwelt zuwenden und unseren Blick auf eine andere Emotion richten. Damit verschwindet die Trauer nur vorübergehend aus unserem Blickfeld, nicht jedoch aus unserem Innenraum. Die Trauer ist immer noch da und wird auch in den nächsten Jahren noch da sein, wenngleich vielleicht nicht mehr am selben Ort. Trauerarbeit bedeutet, dem Trauergefühl einen neuen Platz zu geben, an dem das Gefühl nicht mehr so vordergründig ist und eine angemessene Stätte findet. An einem neuen Standort wächst oder entwickelt sich das Trauergefühl anders, als wenn es im Zentrum der Innenwelt geblieben wäre.

Unsere Aufmerksamkeit, unsere von innen aus nach innen gerichtete Blickrichtung, unsere Achtsamkeit bestimmen also, mit welchen Gefühlen wir konfrontiert werden (siehe Abbildung 2).

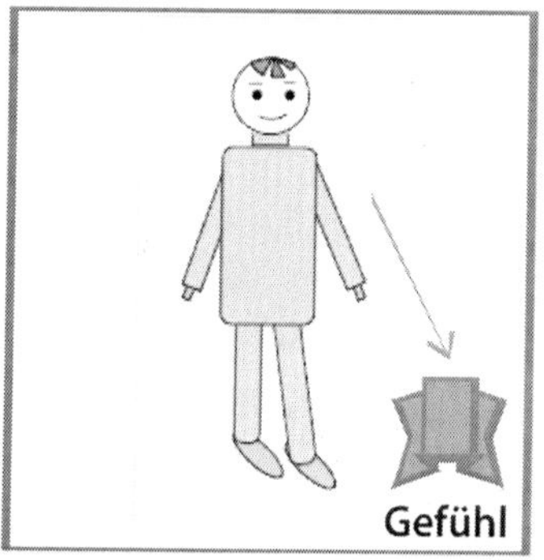

Abbildung 2: Wenn wir von innen nach einem Gefühl in der Innenwelt Ausschau halten.

Wie wir am Beispiel des Trauergefühls sehen, können sich Gefühle räumlich bewegen – sie haben eine gewisse Mobilität. Einerseits können sie innerhalb unserer Innenwelt den Standort wechseln, andererseits stehen sie auch im Austausch mit der Außenwelt. Darauf kommen wir später noch zurück.

Wenn ein Austausch zwischen innen und außen möglich ist, muss es auch eine Trennungslinie geben, die angibt, was innen und was außen ist. Unsere psychisch-seelische Grenze bestimmt, ob ein Gefühl sich innerhalb oder außerhalb unseres Innenraumes aufhält. Die Grenze definiert somit auch, ob ein Gefühl fremd oder eigen ist. Die Grenze gibt vor, ob ein Gefühl am Rand oder im Zentrum platziert ist. Somit legt die Grenze auch fest, ob das Gefühl im Vordergrund steht oder eher hintergründig und in Stille weiter existiert. Die Grenze bestimmt zudem auch die Form und die Größe unseres Innenraums und somit auch die Kontur und die Ausdehnung unserer Gefühlswelt. Unsere Seele respektive Binnenraum kann sich zusammenziehen, schrumpfen oder auch sich ausdehnen und weiter werden. Die Seele kann sich schließen oder öffnen.

Auch diese Bewegung der Seele, womit kein theologischer oder metaphysischer Begriff gemeint ist, ist eine Bewegung der psychisch-seelischen Grenze. In einem weiten Raum können mehr Gefühle wachsen, dort haben sie mehr Platz, sich zu entwickeln und zu entfalten. Wir können hier gut sehen, wie wichtig die Abgrenzung der Innenwelt für die Empfindung der Gefühle ist (Blaser, 2011, 2014a).

Es gibt, wie wir alle wissen, Gefühle, die uns Kraft geben und nährend sind, und andere, die uns hemmen. Gefühle können angenehm oder unangenehm sein. Dieser Unterschied kann eine Rolle spielen, wenn fremde Gefühle in unseren psychisch-seelischen Raum gelangen. Fremde, kraftvolle, ernährende Gefühle können als Geschenk gesehen und empfunden werden; hemmende fremde Gefühle werden dagegen als eine Belastung wahrgenommen.

Die Aufnahme von belastenden Gefühlen tut uns nicht gut, wir möchten sie vermeiden. Das Entgegennehmen von kraftvollen Gefühlen löst hingegen Freude und Dankbarkeit aus. Fremde, beeinträchtigende Gefühle, die meistens ungewollt in unseren psychisch-seelischen Raum gelangen, lösen ein lösungssuchendes Verhalten aus. Wir haben ein psychisches Immunsystem, das fremde unangenehme Gefühle entfernen möchte. Wir geben sie dann häufig weiter und externalisieren sie oder wir versuchen, ein fremdes Gefühl zurückzugeben.

3

Gefühle empfinden

Wir haben im vorstehenden Kapitel gehört, dass die Gefühle in unserer Innenwelt einen Platz haben, ihren Platz wechseln können und mit den Gefühlen anderer Personen ausgetauscht werden können. Wie können wir jetzt in dieser nur selten bewusst empfundenen Gefühlswelt unseren Weg finden? Wie können wir ein Gefühl finden, wie können wir bestimmen, ob ein Gefühl alt oder neu ist? Und wie können wir feststellen, ob ein Gefühl uns zugehörig oder fremd ist?

Dies können wir, indem wir in unseren psychisch-seelischen Raum gehen, indem wir zu uns kommen und uns in unsere Mitte begeben. Von diesem Ort aus schauen wir von innen nach innen auf unsere Gefühle. Indem wir dies tun, finden wir einen leiblichen Zugang zu unseren Gefühlen und nehmen eine zum Gefühl passende Körperempfindung wahr. Sie können dies anhand einer einfachen Übung überprüfen, die unter anderem auch in der Traumatherapie von Peter Levine angewandt wird (Levine, 1998, 2007):

Stellen Sie sich eine kürzlich erlebte, leicht unangenehme Situation vor, in der Sie sich nicht wohl fühlten. Erinnern Sie sich an den Zeitpunkt, zum Beispiel vormittags oder mittags, an den Raum, in dem Sie sich befanden, an die Personen, die dabei waren und an die Handlung. Wenn Sie sich diese unangenehmen Umstände vor Augen führen, fragen Sie sich, wie geht es mir jetzt, wenn ich an diesen Moment zurückdenke und meine eigene Erfahrung anschaue. Wenn Sie in Ihren Körper hineinhorchen, werden Sie vielleicht eine Enge im Brustbereich spüren, eine oberflächliche Atmung bemerken, ein Zusammenziehen im Magen erkennen und eine Unruhe in den Beinen wahrnehmen.Sie haben jetzt dank der erlebten Situation und Ihrer Erfahrungen die entsprechenden Gefühle ins Blickfeld bekommen und sofort körperlich darauf reagiert. Ihr Körper hat das Gefühl und die erlebte Erfahrung in eine physische Ausdrucksweise und körperliche Empfindung übersetzt. In dem Moment, in dem Sie die Körperveränderungen bewusst wahrnehmen, ist es Ihnen gelungen, den Zugang zum Gefühl über den Körper herzustellen.
Dasselbe können Sie jetzt tun, indem Sie sich eine kürzlich erlebte angenehme Situation vorstellen. Sie werden merken, dass sich die Gefühle und Körperempfindungen schlagartig oder auch langsam ändern und zum Beispiel ein Gefühl nachlässt und ein Gefühl der Ausgeglichenheit eintritt. Auf der Körperebene wird vielleicht Ihre Atmung tiefer und ruhiger, anstatt einer Unruhe verspüren Sie eine angenehme Schwere in den Beinen, und Sie bemerken im Magen eine wohltuende Wärme. Es kann auch sein, dass Sie gar nichts wahrnehmen. Es gelingt Ihnen nicht, irgendwelche Körpergefühle irgendwo festzustellen. In diesem Falle ist es Ihnen nicht geglückt, den Zugang zur Erfahrung passender Gefühle herzustellen.

Wie ist es nun möglich, dass ein Leser/eine Leserin ohne große Anstrengung eine Vielfalt an Gefühlen und Körperempfindungen erfahren kann und ein anderer/eine andere nicht? Ein Grund dafür kann sein, dass die unangenehme Situation relativ harmlos war und wenig starke Gefühle ausgelöst hat. Gefühle, die sich unterhalb unserer individuellen Wahrnehmungsschwelle befinden, können wir nicht wahrnehmen. Darauf kommen wir später noch einmal zurück.

Für viele ist die Körperwahrnehmung auf Sex, Sport, Essen, Krankheit oder Schmerzen reduziert. Vor allem Sex, Schmerzen und Sport lösen starke Körperempfindungen aus, die bei den meisten oberhalb der

Empfindlichkeitsschwelle liegen. In diesem Wahrnehmungsbereich braucht es kein Innehalten, kein konzentriertes Hineinhorchen, keine Achtsamkeit. Der Schmerz ist so stark, dass es eher schwierig sein wird, diese Empfindung nicht wahrzunehmen. So ist es auch bei sportlichen Erlebnissen, wenn große Mengen Endorphin ausgeschüttet werden. Beim Essen wie auch bei der Sexualität ist die Körperwahrnehmung meistens mit einem direkten physischen Kontakt verbunden. Beim Essen sind es beispielsweise die Temperatur und die Konsistenz der Speisen im Mund, der Geschmack auf der Zunge oder das Völlegefühl im Magen.

Die ganz subtilen Körperveränderungen finden auch ohne unser Bewusstsein statt. Auch wenn wir nicht auf unseren Körper achten, reagiert der Körper ununterbrochen auf die erlebten Situationen. Das bedeutet, dass unser Körper ein großes Sinnesorgan ist, das nur selten achtsam benützt wird. Unser Körper reagiert hochsensibel auf alle Veränderungen in unserer psychischen Innenwelt und der direkten Umgebung.

Versucht beispielsweise jemand, ein unangenehmes Gefühl in unserem Raum zu hinterlassen, indem er seine Frustration und seinen Ärger los werden will, nimmt unser Körper dies sofort wahr und antwortet darauf. Wir empfinden vielleicht einen Druck im Magen, eine Enge im Brustbereich und eine Erhöhung der Muskelspannung im Nacken. Unser Körper hilft uns bei der Unterscheidung, ob ein Gefühl alt oder neu ist, und ist sogar imstande, den Zeitpunkt zu bestimmen, in dem das alte Gefühl in unseren Raum gelangt ist – ähnlich einem Weinkenner, der mit der Zunge das Alter des Weines bestimmen kann. Wir sind sogar imstande, noch Jahre später zu rekonstruieren, wer ein bestimmtes Gefühl bei uns hinterlassen hat. Es ist möglich, dass eine 50-jährige Frau die Wut, die sie immer wieder überkommt, zeitlich einordnen und deren Ursprung nachspüren kann. Es ist sogar möglich, dass eine dritte Person dazu fähig ist: Ein geschulter Therapeut kann mit großer Wahrscheinlichkeit spüren, dass ein Gefühl seines Patienten alt ist. Er kann ahnen, dass es beispielsweise in der Kindheit zum Patienten gelangt ist, und zudem, dass es vom Vater stammt. Diese Fähigkeit und Präzision ist deshalb so erstaunlich, weil wir uns im Alltag ihrer nicht bewusst sind und sie uns praktisch nie willentlich zu Nutze machen. Damit liegt ein enormes emotionales und soziales Potential brach. Dies ist vor allem deswegen ein großer Verlust, weil wir viel Unglück vermeiden und uns und anderen viel Glück schenken können, wenn wir diese Begabung nutzen.

Schauen wir uns hierzu ein Beispiel an:

Hanna wirft ihrem Ehemann Andreas vor, er würde sich zu wenig um sie kümmern. Er arbeite zu viel und zu lange und würde sich abends nur mit seinen Hobbys beschäftigen. Seine Vorschläge, gemeinsam etwas zu unternehmen, überhört Hanna meistens. Stattdessen reagiert sie mit unberechtigten Anschuldigungen. In einer Paartherapie wurde die Selbst- und Fremdwahrnehmung unter anderem mit Achtsamkeitstraining geschult. Hanna erkennt jetzt, dass ihre Unzufriedenheit nichts mit der damaligen Beziehungssituation zu tun hat, sondern ein altes, von den Eltern unbewusst übernommenes Gefühl ist. Sobald sie dies erkennt und das Gefühl zuordnen kann, kann sie die Vorwürfe unterlassen und nun neu, ganz konkret ihre Wünsche und Bedürfnisse formulieren. Andreas muss sich nun nicht mehr mit ihren Anschuldigungen befassen, sondern kann jetzt selbstkritisch sein eigenes Verhalten reflektieren. Er versucht daraufhin, seine Arbeit effizienter zu gestalten, und es gelingt ihm, regelmässig abends schon um 17 Uhr zu Hause zu sein.

Wie können wir nun dieses emotionale Potential, dieses Feingefühl entwickeln? Eugen Gendlin nennt diese Feinsinnigkeit „Felt Sense", was soviel wie „gefühlter Sinn" oder „Gespürte Bedeutung" heißt (Gendlin, 1998): Ein „Felt Sense" sei die holistische implizite Körperempfindung einer komplexen Situation (Gendlin, 1999). An anderer Stelle schreibt er: „Der Körper lebt konkret als Interaktion mit der Welt. Der Körper ist in der Situation und die Situation ist auch im Körper". Ich möchte an dieser Stelle eine Unterscheidung treffen und den Körper von nun an Leib nennen, wenn wir uns mit unserer Aufmerksamkeit in unserem psychisch-seelischen Raum aufhalten und zu dieser Fertigkeit und Wechselwirkung mit unserer Innen- und Umwelt fähig sind. Die Ausdrücke „Leib" oder „Leiblichkeit" wurden hier gewählt, weil die im Innenraum wahrgenommenen Körper- respektive Leibempfindungen am meisten den in der Phänomenologie beschriebenen „Leibwahrnehmungen" entsprechen (Husserl, 2002; Merleau-Ponty, 1966).

Der Leib befähigt uns, uns mit unseren Gefühlen zu verbinden, reagiert auf Veränderungen im Bereich unserer psychisch-seelischen Grenze und interagiert mit anderen psychischen Welten, die unsere Aufmerksamkeit erhalten. Den Körper möchte ich dagegen im zwischenmenschlichen Bereich und in der Außenwelt lokalisieren, wo der Kontakt zur eigenen Innenwelt und zu den eigenen Gefühlen, Erfahrungen und Bildern abgebrochen ist. Wie vorher erwähnt, besitzen wir eine Innenwelt und einen psychischen Raum, den wir mit unserer Aufmerksamkeit auch verlassen können. Tun wir dies und überschreiten unsere psychische Grenze von innen nach außen, dann gelangen wir in die Außenwelt, von wo aus wir auch die Innenräume unserer Mitmenschen besuchen können. Wenn wir von diesem zwischenmenschlichen Außenraum in unsere Gefühlswelt zurückkehren, wird der Körper also wieder zum Leib. Diese Definition vereinfacht es, über die verschiedenen Körper- oder Leibempfindungen zu sprechen.

Die Außenwelt

Sind wir mit unserem Aufmerksamkeitsstandort in der Außenwelt, wird unser Körper ein Transportmittel – ein biologisches Lebewesen, das aufgebaut ist aus Molekülen, Zellen und Organen. Es ist ein Organismus, der denken, analysieren, reflektieren und planen kann und von außen, von der Metaebene, auf die eigene Gefühlswelt blicken kann. Spricht jemand über seine Gefühle, können wir sofort feststellen, ob dies von seiner Innen- oder Außenwelt geschieht. Von der Außenwelt aus klingt seine Gefühlsbeschreibung objektiv, sachlich und parteilos, und als Zuhörer verspüren wir keinen Bezug zu seiner Innenwelt. Es ist, als ob er über eine dritte Person spricht, ohne emotionale Beziehung. Dies ist keine Wertung. Diese Kompetenz ermöglicht uns, die Gefühle auch aus einer ganz anderen Perspektive zu sehen. Wir können dadurch Gefühle vergleichen und relativieren, in einem größeren Zusammenhang platzieren und auch Gefühlseigenschaften erkennen, die von innen aus nicht ersichtlich sind.

Der Wechsel des Aufmerksamkeitsstandorts, die Möglichkeit, unsere Gefühlswelt zu verlassen und vom Leib zum Körper zu werden, hat uns wahrscheinlich das Geschenk des menschlichen Bewusstseins gegeben. Dank dieser Beweglichkeit können wir uns selbst von außen betrachten, diese Ansicht mit nach innen nehmen und in unsere vorbestehenden Erfahrungen integrieren. So entstehen ein Entwicklungspotential, ein schier unendliches Kombinationsvermögen und eine Entfaltungskraft, die dank unserer Neuroplastizität bis ins hohe Alter erhalten bleiben. Von der Außenwelt gesehen betrachten wir den eigenen menschlichen Körper mit den Augen eines Chirurgen. Der Operateur nutzt Naturgesetze und greift auf einer materiellen Ebene in das physische Geschehen ein.

Gendlin beschreibt in seinem Buch „Focusing – Orientierte Psychotherapie (Gendlin, 1999)", wie wir zwischen einer „Felt Sense"-Leibeserfahrung und einer physischen Körperempfindung unterscheiden können: Manche körperliche Empfindungen ähneln leiblichen Wahrnehmungen, ähneln einem „Felt Sense", so dass man den Unterschied nicht immer feststellen kann. Zum Beispiel kann eine Verdauungsstörung sich in der Magengegend anfühlen wie ein „Felt „Sense". Dann wissen wir vielleicht nicht, ob das Gefühl mit der Situation zu tun hat oder nur eine Magenverstimmung ist. Wir können es herausfinden, wenn wir uns vorstellen, dass wir die Situation nicht sofort zu lösen brauchen. Wir machen uns vor, dass wir uns nicht vor dem nächsten Jahr damit auseinandersetzen müssen. Der Magen beruhigt sich. Dann stellen wir uns vor, dass wir uns jetzt sofort mit der Situation auseinandersetzen müssen. Kehrt die Magenverstimmung zurück, wissen wir, dass uns diese Situation dieses Gefühl gibt: Wir haben einen „Felt Sense". Diese von Gendlin dargestellte Differenzierung klingt vielleicht ein wenig kompliziert. Ich möchte sie am Beispiel von „Sabine" nochmals kurz verdeutlichen.

Sabine arbeitet als Grafikerin an einem vielschichtigen Projekt. Sie glaubt plötzlich, ein wichtiges Detail übersehen zu haben, und fürchtet, in große Zeitnot zu geraten. Sie spürt ein Zusammenziehen in der Magengegend. Da sie kurz vorher in der Kantine eine Crevettensuppe gegessen und in der Vergangenheit schon öfters auf Schalentiere mit einer Magenverstimmung reagiert hatte, fällt es ihr schwer, die Bauchgefühle zu deuten. Möchte ihr der Magen einen Hinweis geben, ihrem Verdacht, einen Fehler gemacht zu haben, auf den Grund zu gehen? Oder soll sie in Zukunft keine Crevetten mehr essen? Sie stellt sich jetzt vor, noch länger als ein Jahr an diesem Projekt arbeiten zu können. Sofort bemerkt sie eine Entspannung und Beruhigung im Bauchbereich. Die prompte Reaktion ist ein Anzeichen, dass die Magenverstimung ein „Felt Sense" war, eine leibliche Wahrnehmung.

Jetzt stellt sie sich vor, dass sie das Détail wirklich übersehen hatte und sie nur noch wenige Tage zur Korrektur zur Verfügung hat. Auf Anhieb sind die Magenbeschwerden wieder da. Wäre die Magenverstimmung eine Folge der Crevettensuppe, würde sie wahrscheinlich kaum auf die verschiedenen Vorstellungen reagieren. Die Magenempfindlichkeit könnte dann als rein körperlich eingeordnet werden.

Der Leibbezug bildet die Voraussetzung, dass ein Gefühl in einer bestimmten Situation steuernde Impulse geben und zum Lebenskompass werden kann. Dazu erfahren wir mehr in Kapitel 15.

Kommen wir noch einmal zurück auf unsere Übung „Wie geht es mir jetzt, welches Gefühl nehme ich wahr? Ich stimme diesem Gefühl zu“. Diese Sätze bringen uns in unseren psychisch-seelischen Innenraum zurück und ermöglichen uns, einen „Felt Sense“ zu spüren und uns mit unserem Leib, mit unseren leiblichen Gefühlen, in Verbindung zu setzen. Mit dieser Übung wird unser Körper zu einem mit uns selbst und mit der Umwelt im Einklang befindlichen feinfühligen Sinnesorgan. Hierzu noch das Beispiel „Peter“:

Der Vorgesetzte von Peter tritt ohne anzuklopfen in Peters Arbeitszimmer und versucht, seine Frustration und Unzufriedenheit bei Peter loszuwerden. Er beginnt, den von Peter gestern abgegebene Konzeptentwurf abwertend zu kritisieren. Peter ignoriert seine Körperreaktion und versucht, seinen Entwurf zu verteidigen. Er gerät ins Stocken und merkt, dass sein Vorgesetzter nicht bereit ist, auf seine Argumente einzugehen. Dann kommt ihm die Übung in den Sinn. Er fragt sich: Was fühle ich jetzt? In nur wenigen Augenblicken nimmt er seine Wut in sich wahr, spürt die angespannte Muskulatur seiner Schultern und seines Bizeps und bemerkt seinen Groll. Dann stimmt er seinem Missmut zu. Er spürt, wie seine Entrüstung abnimmt. Er kann jetzt seinem Vorgesetzten in die Augen schauen und sagt mit einer überraschenden Bestimmtheit: „Kann ich zu einem späteren Zeitpunkt einen Termin mit Ihnen vereinbaren, um die ganze Angelegenheit sachlich mit Ihnen besprechen zu können?“

Peter ist es gelungen, sofort in seinen psychisch-seelischen Raum zu gelangen, um sich mit seinem Situationsgefühl in Verbindung zu setzen. Das Gefühl hilft ihm, angemessen zu reagieren, und ermöglicht ihm, seine eigene Grenze dem Vorgesetzten aufzuzeigen. Es gelingt ihm, klar seinen Wunsch zu äußern, sachlich über seine Arbeit zu sprechen. Die Missstimmung ist verschwunden, und ein Gefühl von Stolz und Stärke breitet sich in seinem Körper aus.

Die folgenden Fragen helfen Ihnen, ein Gefühl genau zu beschreiben:

- Wo nehmen Sie in Ihrem Körper zum Beispiel: eine Angst wahr? (z.B. im Brustkorb, im Magenbereich oder im Hals)
- Ist dieses Gefühl tief oder eher oberflächlich im Körper lokalisiert?
- Wie groß ist der Raum, der dieses Gefühl einnimmt? (z.B. wie ein Ping-Pong-Ball oder wie eine Orange)
- Wie fühlt sich die Konsistenz dieses Gefühls an: hart wie ein Stein, wie Holz, wie Stoff oder wie ein Schwamm, flüssig wie Wasser oder zäh wie Schleim oder wie Gas oder Luft?
- Bewegt sich dieses Gefühl? Strahlt es zum Beispiel in die Arme aus?
- Welche Temperatur hat dieses Gefühl? (z.B. unangenehm warm oder eher angenehm kühl)
- Hat die orangengroße, unangenehm laue, schwammartige, in beide Arme ausstrahlende Angst eine Farbe?
- Wie alt ist dieses Gefühl: zwei Wochen, 30 Jahre oder uralt?
- Ist es Ihr eigenes Gefühl oder gehörte es ursprünglich zu jemand anderem?

Die Fragen helfen Ihnen auch, Ihrem Gefühl zuzustimmen. Es ist okay, wenn Sie jetzt ein großes, warmes, schwammartiges, unangenehm laues Gefühl im Magen verspüren.

4

Ich bin der Architekt meiner Innenwelt

Wir können bewusst zum Innenarchitekten unseres psychischen Innenraumes respektive zum „Designer of the emotional Self" werden. Wir müssen uns nicht mit einer Desorganisation des Selbst abfinden, mit den Folgen erlittener Traumata oder mit der Gewöhnung an destruktive Verhaltensmuster. Wir können unsere Gefühlswelt reorganisieren und unsere Innenwelt so einrichten, dass wir uns darin heimisch fühlen.

Wie aber bringen wir eine behagliche innere Atmosphäre zustande? Welche Maßnahmen stehen uns dafür zur Verfügung? Wenn wir uns noch einmal in Erinnerung rufen, dass Gefühle dynamisch, lebendig und beweglich sind, eine Geschichte haben und eine unterstützende Qualität haben, dann können wir die Reorganisation unseres psychisch-seelischen Innenraumes jederzeit in Angriff nehmen. Grundsätzlich haben wir folgende Optionen:

1. Angenehme eigene Gefühle jemandem schenken oder für uns selbst behalten.
2. Angenehme fremde Gefühle annehmen.
3. Unangenehme fremde Gefühle verweigern.
4. Angenehme Gefühle sichtbar machen, mehr in den Vordergrund stellen.
5. Unangenehmen, eigenen Gefühlen einen Ort zuweisen, an dem sie weniger hemmend oder störend wirken.
6. Gefühle in Einzelteile zerlegen: zeitlich, fremd oder eigen.
7. Und zum Schluss: für die angenehmen Gefühle Sorge tragen und uns aktiv um sie kümmern. Wir können Umstände schaffen, damit sie gut gedeihen, sich entwickeln und entfalten können.

Die Grundanordnung unserer Gefühlswelt findet im präverbalen Alter statt und bestimmt die neuronale Struktur, vor allem in unserer rechten Gehirnhälfte, insbesondere im präfrontalen und orbitofrontalen Bereich. Sie wird geprägt durch unsere frühesten emotionalen Erfahrungen mit unseren Bezugspersonen, meistens mit unseren Eltern, größtenteils mit unserer Mutter. Wie neueste Untersuchungen bestätigt haben, ist dieser Aufbau der Gefühlswelt nicht unveränderlich, sondern kann im Erwachsenenalter aktiv beeinflusst werden, zum Beispiel mit Hilfe von Psychotherapie. In diesem Buch bekommen Sie mit der Achtsamkeitsübung ein Instrument in die Hand, mit dem Sie ihren psychischen Innenraum selbst neu einrichten können. Betrachten wir jetzt die erwähnten sieben Optionen genauer.

Zu 1 und 2: Angenehme Gefühle schenken und annehmen

Nach der Arbeit ging Wolfgang noch kurz in eine Buchhandlung und wollte sich ein Buch kaufen. Nachdem er den Laden verlassen hatte und bereits in der Tram saß, bemerkte er, dass er im Bücherladen seine Tasche mit Notebook und Mobiltelefon vergessen hatte. Bei der nächsten Haltestelle stieg er aus, fuhr mit der Tram zurück und eilte mit schnellen Schritten zur Buchhandlung zurück. Als er ankam, war die Türe zu und das Geschäft bereits geschlossen. Da bemerkte ihn eine Verkäuferin, winkte ihm freundlich zu und öffnete ihm die Türe. Sie hatte ihn wiedererkannt und gab ihm mit einem freundlichen Lachen seine Tasche zurück. Am nächsten Tag überreichte ihr Wolfgang einen schönen Blumenstrauß. Die Verkäuferin hatte Wolfgang ein schönes Gefühl von Vertrauen, Ehrlichkeit und Herzlichkeit geschenkt, und er hat es mit Dankbarkeit angenommen. Als ihm die Verkäuferin seine Tasche übergab, spürte er ein warmes Gefühl ums Herz, ein Lächeln im Gesicht und eine Leichtigkeit in den Beinen.

Wir sehen an diesem Beispiel, wie die Verkäuferin durch ihre Gesten (freundlich zuwinken), Mimik (Lachen), Handeln (Zurückgeben der Tasche), Wolfgang angenehme Gefühle wie Vertrauen, Ehrlichkeit und Herzlichkeit schenkte. Er konnte dies annehmen und der Verkäuferin sein Gefühl der Dankbarkeit schenken, indem er ihr Blumen brachte. Der Austausch von Gefühlen findet nicht immer über Worte statt. Meistens geschieht er unbewusst über Gesichtsausdruck und Körperhaltung wie auch über Gebärden und symbolische Gaben.

Zu 3: Unangenehme fremde Gefühle nicht annehmen

Diese Option haben wir bereits am Beispiel von Peter gesehen, der sich zuerst nicht gegen seinen Vorgesetzten wehren konnte und erst dann dazu fähig war, als er seine Gefühle wahrnahm. Hätte der Vorgesetzte seine eigene Unzufriedenheit bemerkt, bevor er in das Büro von Peter kam, und hätte er diesem Gefühl zugestimmt, dann hätte er sich auf dem Absatz gedreht und nicht versucht, seine unangenehmen Gefühle bei seinem Mitarbeiter abzuladen.

Zu 4: Angenehme eigene Gefühle für sich selbst sichtbar machen

Wir können in unserem psychischen Innenraumes durch Neuarrangieren einzelner Gefühle ein angenehmes Klima erschaffen. Wir können behagliche Erinnerungen vor unserem inneren Auge hervorrufen, glückliche Momente noch einmal anschauen und dabei die körperlichen Reaktionen bewusst wahrnehmen. In vielen ressourcenorientierten Psychotherapien wird dies aktiv unterstützt, indem dem Klienten erklärt wird, wie er mit seinen kraftvollen, nährenden Gefühlen Kontakt aufnehmen kann. Wenn wir unseren Leib präzise spüren, können wir schon eine positive Änderung wahrnehmen, wenn wir nur etwas Schönes anschauen. Der Anblick eines Blumenstraußes, eines schönen Bildes oder einer Landschaft bewirkt, dass sich unsere Atmung beruhigt, unsere Muskulatur entspannt und sich eine fließende Wärme im Körper ausbreitet (Blaser, 2014b). Genau dasselbe geschieht, wenn wir uns in unserer Imagination den gleichen Blumenstrauß, das gleiche Bild oder die gleiche Landschaft nur vorstellen (Kosslyn, 1999). Mit dem Führen eines schönen „Momente-Tagebuchs" können wir angenehmen Gefühlen in unserem psychisch-seelischen Raum mehr Aufmerksamkeit schenken und einen gut sichtbaren Platz geben (Seligmann, 2011). In allen Religionen lernen wir, uns für geschenkte Gaben zu bedanken. Indem die Dankbarkeit ein Teil unseres Lebens wird, bekommen auch angenehme Gefühle in unserem Innenraum einen nicht zu übersehenden Platz. Wenn wir die angenehmen

Gefühle leiblich bewusst wahrnehmen, machen wir unseren psychischen Innenraum zu einem beglückenden Ort.

Zu 5: Unangenehmen eigenen Gefühlen einen Ort geben, an dem sie weniger hemmend oder störend sind

Wir haben alle in unserem Leben schwierige und schmerzhafte Momente, in denen wir Enttäuschungen einstecken oder einen Verlust erleiden. Die dabei erlebten Gefühle finden alle in unserer Innenwelt einen Platz. Manchmal gelingt es uns aber nicht, diesen schmerzvollen Gefühlen einen guten Platz zu geben. Der Schmerz behält in der Innenwelt seine zentrale Position und beeinträchtigt die Anpassung an die neue Lebenssituation. Das folgende Beispiel macht dies anschaulich.

Edwin ist 59 Jahre alt, als seine um drei Jahre jüngere Frau an einem Krebsleiden stirbt. Seine Trauer ist groß. Viele Jahre wird er täglich an seinen Schmerz erinnert. Im Schlafzimmer hat er einen Altar für seine Frau aufgestellt. Auf einer speziellen Kommode stehen schön eingerahmt ihre Fotos und links und rechts umgeben mit frischen Blumen. Seit acht Jahren zündet er jeden Abend eine Kerze an und sitzt schweigend vor ihren Bildern. Das Schlafzimmer sieht genau so aus wie vor acht Jahren. Im Schrank hängen immer noch ihre Kleider, manche hat er bewusst nicht gewaschen.

Es ist Edwin nicht gelungen, seiner Frau und seinem Schmerz einen gebührenden Platz zu geben. Seine Gefühlswelt sieht aus, als ob seine Frau letzte Woche verstorben wäre. Obwohl dieses Beispiel einerseits Edwins große Liebe zu seiner Frau ausdrückt, zeigt es andererseits auch, dass die Verlust- und Schmerzgefühle nach so vielen Jahren Edwin eher im Wege stehen. Sie sind für ihn eher hemmend, seinen Weg weitergehen zu dürfen. Der Trauerprozess ist eine langsame Bewegung, in der wir liebevoll und mit Achtung dem Verlorenen einen neuen Platz geben. Damit bekommen auch die Erinnerungen und die Gefühle eine neue Ruhestätte und stellen sanft ihren bis dahin eingenommenen Raum für Neues zur Verfügung.

Edwin hätte bei seiner Trauer innehalten können, immer wieder. Eines Tages hätte er dann vielleicht bemerkt, dass der Zeitpunkt gekommen war, die Kleider seiner Frau wegzugeben. Für das Verschenken ihres Schmuckes war es noch zu früh. Er hätte vielleicht auch bemerkt, dass er am Dienstagabend nicht mehr ihr zuliebe einen Krimi am Fernseher anschauen muss, sondern stattdessen in den Turnverein gehen kann. An diesen kleinen Beispielen können wir sehen, wie in seiner Innenwelt seine Frau und seine Trauer einen anderen Platz hätten bekommen können.

Zu 6: Gefühle in Einzelteile zerlegen

Für unsere Gefühle gibt es zwar viele Worte, die recht präzise unterscheiden, wie wir uns in einem bestimmten Augenblick fühlen. Andererseits bewohnen Tausende von Gefühlen unbenannt unseren psychisch-seelischen Garten. Wir haben nicht nur eine Tulpe oder eine Dahlie, nicht nur eine Brennessel im Garten, sondern Dutzende oder Hunderte von jeder Sorte. Obwohl unsere Sprache hilft, Gefühle zu differenzieren, und jeder versteht, dass Wut und Angst zwei verschiedene Gefühle sind, helfen auch Adjektive nicht, die vielen gespeicherten Ängste zu unterscheiden: starke Angst, unterschwellige Angst, lähmende Angst, existentielle Angst, Zukunftsängste, Verlustangst, Höhenangst usw. Gefühle können wir nicht nur nach Qualität oder wie bei der Angst nach Objekten oder Situationen einteilen, vor denen wir uns fürchten, sondern auch nach den Zeitpunkten, als wir sie erlebten. Dies bedeutet: Jedes Gefühl hat eine Entstehungsgeschichte, einen erfahrungsgebundenen Ursprung, ein Alter und somit eine unverwechselbare eigene Identität. Jedes Gefühl erhält in unserem Innenraum einen Platz, wird somit eingeordnet und kartographiert und kann lokalisiert und aufgefunden werden. Mit diesem Wissen und mit unserem phänomenalen Körpergedächtnis können wir jedes Gefühl von einem andern unterscheiden und wieder erkennen. Wir können es zeitlich orten und die dazu gehörende Situation oder Erfahrung wieder aufrufen.

Bis jetzt haben wir möglicherweise selten zwischen Wut und Wut oder zwischen Tränen und Tränen differenziert. Bis jetzt glaubten wir vielleicht in unserer Innenwelt beispielsweise einen großen Stein anzutreffen, den wir Verlustangst nannten. Diese Verlustangst, dieser Stein, stand uns im Wege und hinderte uns, eine stabile Beziehung aufzubauen. Der Partner wurde in seiner Bewegungsfreiheit eingeschränkt, weil sich immer wieder die störende Verlustangst bemerkbar machte. Wir können uns jetzt diese Verlustangst genauer anschauen, indem wir uns in dem Moment, wenn sie auftritt – zum Beispiel wenn der Partner mit dem Flugzeug berufshalber verreisen muss – fragen: „Wie geht es mir jetzt?" Nachdem wir die Selbstbeobachtungsfrage mit einem „Ich spüre eine Verlustangst, ich habe Angst, das Flugzeug könnte abstürzen", beantwortet haben, stimmen wir diesem Gefühl zu. Indem wir dieses Gefühl zulassen, richten wir unsere Aufmerksamkeit auf die Verlustangst, auf diesen mächtigen beeinträchtigenden Stein. Mit unserem neuen Wissen erkennen wir erstmals, dass dieser Stein aus mehreren Teilen zusammengesetzt ist. Mit andern Worten: Die Verlustangst ist nicht nur die Verlustangst, die mit dem bevorstehenden Flug des Partners in Zusammenhang gebracht wird, sondern eine Gruppierung von mehreren Verlustängsten, die alle eine andere Herkunft und ein anderes Alter haben. Wenn wir zustimmen und hinschauen, erkennen wir eine Verlustangst aus der Kindheit, die entstand, als die liebe Großmutter erkrankte und wir um ihr Leben bangten. Da erfassen wir auch die Verlustangst der Großmutter selbst, die starke Ängste durchlebte, als ihr Ehemann, also unser Großvater, nicht aus dem Krieg zurückkehrte. Wir spüren auch die Verlustangst unserer eigenen Mutter, als während der Schwangerschaft Komplikationen auftraten und sie im fünften Monat ein Kind verlor. Durch das genaue Hinschauen zeigt sich der riesige Stein aus einer Formierung ganz verschiedener Verlustängste, die zum Teil biographisch und alt sind und mit der aktuellen Situation nichts zu tun haben (siehe Abbildung 3).

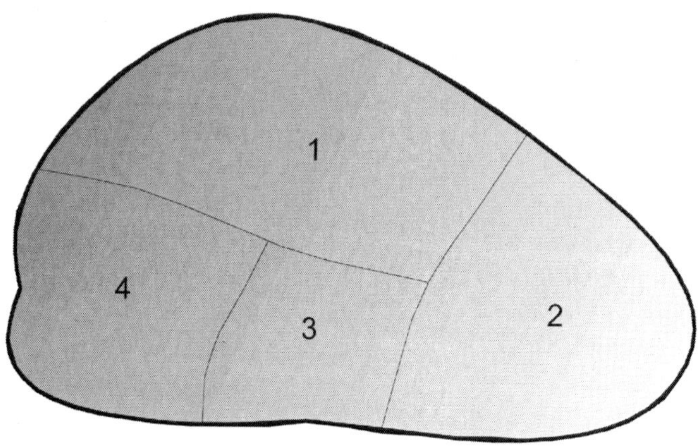

Abbildung 3: Aufteilung der zusammengesetzten Verlustangst mit Lösungsansätzen: 1 = Aktuelle Verlustangst (gibt augenblicklich Handlungshinweise); 2 = Alte Verlustangst, als wir um die erkrankte Oma bangten (einen neuen guten Platz geben); 3 = Fremde Verlustangst, ursprünglich der Mutter zugehörig, als sie während der Schwangerschaft um ihr Kind bangte (zurückgeben an die Mutter); 4 = Zweite, fremde Verlustangst, dieses Mal der Großmutter zugehörig, als ihr Ehemann nicht aus dem Krieg zurückkehrte (zurückgeben an die Großmutter).

Zudem treffen wir auch auf ich-fremde Gefühle, die sich in unsere Gefühlswelt verirrt haben, in diesem Beispiel die Ängste der Mutter und der Großmutter. Das Trennen der verschiedenen Verlustangstteile kann bereits eine befreiende Wirkung haben. Es ermöglicht uns, mit dem aktuellen Gefühl in Kontakt zu treten, ohne dass es von anderen, alten und fremden Verlustängsten verzerrt wird. In dem Augenblick, in dem wir das momentane Gefühl unvermischt wahrnehmen, werden wir für seine Botschaft empfänglich. Das frühere, aus mehreren Teilen zusammengesetzte Gefühl, macht dies nicht möglich. Wenn wir die einzelnen Verlustängste von einander getrennt haben, können wir in einem zweiten Schritt, jeder einzelnen Verlustangst, wie wir bereits gesehen haben, einen guten Platz geben. Die fremden Verlustängste geben wir den früheren Besitzern zurück, den alten eigenen Verlustängsten geben wir einen neuen Platz. Einmal entstandene Gefühle sind Überlebenskünstler: Sie überstehen feindselige Orte, wachsen in fremden Innenwelten und überdauern manchmal mehrere Menschenleben.

Zu 7: Für die angenehmen Gefühle Sorge tragen

Auch angenehme Gefühle haben einen „Existenzwillen", sie möchten sich behaupten, sie möchten fortbestehen. Behagliche Gefühle können wir wie ein Gemälde an einem gut sichtbaren Ort aufhängen, betont einrahmen und gut beleuchten. Wir entfernen regelmäßig den sich festsetzenden Staub, reinigen das Glas und freuen uns täglich an ihrer Erscheinung. Wir hängen nicht zu viele Bilder an die Wand, sondern finden ein Gleichgewicht, das zu unserer jeweiligen Lebenssituation passt. Wir überreizen uns nicht mit positiven Gefühlen, weil uns dies schwächen würde. Im Einklang mit unserem Leib, der auf eine Überflutung der Stimuli sofort reagieren würde, werden wir zum eigenen Galeristen, der ausgewogen die wohltuenden Gefühle postiert.

Trotz der Behaglichkeit im eigenen psychischen Innenraum kann der Zeitpunkt kommen, zu dem wir alte, angenehme Gefühlsbilder abhängen möchten, um Platz zu schaffen für neue, noch unbekannte Gefühle. Wir spüren, dass eine Änderung bevorsteht, auch wenn sie nur klein ist. Mit dem neuen Bewusstsein wird unsere Gefühlswelt zur Spielwiese, zum Ort des Ausprobierens, zum spannenden Abenteuer. Experimente werden zu Lernmomenten, die uns zusammen mit einer erfreulichen, belebenden Gefühlswelt auch viele Erfolgserlebnisse schenken. Schon kleine Fortschritte und Veränderungen geben uns Zuversicht und eine ganz neue Lebensbejahung.

Wie geht es Ihnen jetzt, nachdem Sie dieses Kapitel gelesen haben? Benennen Sie Ihr Gefühl und sagen Sie zu sich selbst: „Es ist in Ordnung, jetzt genau dieses Gefühl zu haben."

5

Don't worry, be happy!

Ich fühle keine Trauer, keine Angst, keine Wut, keinen Ekel, ich merke kein Näherkommen eines Unheils, habe keine Sorgen, kein schlechtes Gewissen, keine Aggressionen. Die unangenehmen Gefühle habe ich alle aus meinem Blickfeld entfernt. Ob es mir jetzt besser geht? Natürlich geht es mir besser. Nur ist die Frage: Nehme ich keine unerfreuten Gefühle wahr, weil ich allen in meinem Raum einen guten Platz gegeben habe, oder gibt die aktuelle Situation keinen Grund für unheilsame Gefühle? Vielleicht will ich sie nur einfach nicht wahrhaben!

Das Wegschauen ist für viele von uns in Fleisch und Blut übergegangen. Wir vermeiden unerfreuliche Gefühle, gehen ihnen aus dem Weg, ignorieren sie, klammern sie aus, lassen sie zum blinden Fleck werden. Wir sind Spezialisten im Unsichtbarmachen von unbequemen Gefühlen. Wir haben ein ganzes Arsenal an Techniken entwickelt, die wir meistens unbewusst benützen, um die unangenehmen Gefühle nicht wahrnehmen zu müssen. Wir schauen weg und hoffen, dass der Regen bald vorübergeht. Wir warten unverzagt auf die ersten Sonnenstrahlen, und wenn die Sonne durchbricht, vergessen wir das vorherige Wegschauen so schnell wie möglich. Gab es ein lästiges Gefühl? Ich kann mich nicht daran erinnern. War da ein tropisches Gewitter, die Straßen sind doch trocken, oder? Missliebige Gefühle sind Störenfriede, sind unwillkommen, und am besten gehen wir über sie hinweg. Wie wir sehen werden, trifft aber das Gegenteil zu. Gefühle, auch die unbequemen, sind unsere Freunde, sind unsere Assistenten und helfen uns, auf unserem Weg zu bleiben. Sie sind unsere treuen Weggefährten, die immer bereit sind, uns zu lenken. Doch wir benützen die aus der Psychoanalyse bekannten Abwehrmechanismen, um unsere negativen Gefühle nicht bemerken zu müssen.

Verdrängen von Gefühlen

Eine der häufigsten Abwehrmethoden ist das Verdrängen. Manchmal gelingt es uns, bewusst zu verdrängen, und wir sind uns im Klaren, dass wir Unangenehmes aus dem Bewusstsein verbannen. Oft geschieht dies auch unwissentlich. Lange glaubte man, Verdrängen sei eine Strategie, die vermieden werden sollte: Verdrängtes soll an das Tageslicht gelangen, wenn nötig mit Hilfe von Psychoanalyse, Traumdeutung, Hypnose oder auf eine andere Weise. Es sei nicht gut, Verdrängtes über Jahre mit sich herumzuschleppen. Man versuche am besten von Anfang an, den Verdrängungsmechanismus zu unterbinden.

Ende des letzten Jahrhunderts wurden Traumaopfer kurz nach dem erlittenen Leid von Traumaexperten aufgefordert, ausführlich über Erfahrenes zu berichten, gerade auch, um dem Verdrängen zuvorzukommen. Neuere Untersuchungen haben ergeben, dass Traumaopfer, die verdrängt haben, sich gleich gut von einem schweren Ereignis erholen wie vergleichbare Leidtragende, die versucht haben, die Verdrängungsdynamik zu unterbrechen. Natürlich ist es schwierig, mit Sicherheit festzustellen, ob jemand nach einer seelischen Erschütterung willentlich oder unwillentlich versucht hat, ein starkes Gefühl aus dem Bewusstsein zu verweisen. Nach wie vor streiten sich die Experten darüber, was besser ist.

Schauen wir uns den Verdrängungsmechanismus anhand unserer Raummetapher an. Stellen wir uns vor, dass ein ergreifendes Ereignis zu einem Gefühl der Fassungslosigkeit, der Rührung und der Betroffenheit führte, das unwiderruflich uns zugehörig und kaum auszuhalten ist. Stellen wir uns einen riesengroßen Gletscherstein vor, der wie ein Komet in unserem psychischen Innenraum gelandet ist und mitten in unserem Selbst seither einfach da ist. Wie ertragen wir dieses leidvolle raumeinnehmende Gefühl, das da unerwartet und ungewollt in unserer Innenwelt eingetroffen ist? Wir erinnern uns, dass Gefühle beweglich sind, transportfähig und disloziert werden können. Bei Verdrängen gerät der Gletscherstein ins Rollen und geht irgendwann und irgendwie verloren. Wie können wir nun etwas in uns ganz bewusst zum Verschwinden bringen?

Machen wir einen Vergleich: Die meisten Menschen freuen sich nicht, wenn sie eine Rechnung erhalten, vor allem nicht, wenn sie höher ausfällt als erwartet. Wir können den Einzahlungsschein nun auf den Küchentisch legen und uns jeden Morgen beim Frühstück darüber ärgern. Vielleicht löst die Rechnung auch mehr als nur Ärger aus. Wir verspüren womöglich auch einen finanziellen Druck, oder wir haben vielleicht existentielle Ängste. Nun gibt es verschiedene Strategien, damit umzugehen. Wir können die Rechnung, die unangenehme Gefühle repräsentiert, in einen Ordner ablegen. Am Ende des Monats bezahlen wir, wenn möglich, alles ein. Das bedeutet, wir geben der Rechnung einen Platz, an dem sie uns nicht täglich stört. Gleichzeitig wissen wir aber auch, dass der Tag kommen wird, an dem wir sie wieder anschauen und den Konsequenzen ins Gesicht sehen müssen. Es gibt jedoch auch Menschen, die den Briefumschlag mit der Rechnung gar nicht öffnen und das Couvert gedankenlos zwischen den Zeitungen verlorengehen lassen. Dieser Umgang mit unerwünschten Rechnungen entspricht dem Verdrängungsprozess. Natürlich weiß die Person, dass da eine Rechnung ins Haus geflattert ist, und versteht auch, dass sie bezahlen muss. Trotzdem hofft sie auf diese Weise, die Einzahlung umgehen zu können. Möglicherweise hofft sie, dass der Rechnungssteller die Rechnung vergisst. Dies passiert gewiss auch immer wieder, wahrscheinlicher ist jedoch, dass ein paar Wochen später die erste Mahnung kommt. Wie positiv oder negativ wir uns das Verschwinden des ergreifenden Gefühls auch ausmalen – am Ort, wo der Komet eingeschlagen ist, herrscht wieder Ruhe. Kein kaltes, schweres Objekt dominiert unsere Gefühlswelt, der Frieden ist wieder hergestellt. Nur, war es nicht so, dass schwierige Gefühle uns etwas Wichtiges sagen wollen oder wegweisend sind und uns gerade in harten Zeiten Lösungen anbieten möchten? Sehen wir dazu das Beispiel von Hilde:

Hilde und Konrad sind seit zwölf Jahren verheiratet. Aus ihrer Ehe stammen der zehnjährige Sohn Emil und die achtjährige Tochter Thérèse. Vor zwei Jahren hat Hilde ihren angestammten Beruf als kaufmännische Angestellte wieder aufgenommen. Sie arbeitet ganztags bei einer mittelgroßen Firma. Zudem hat sie auch wieder ihr altes Nähhobby aufgenommen. Drei Abende pro Woche gibt sie Nähkurse an der Volksschule. An den restlichen Abenden geht Hilde, einem Erschöpfungszustand nahe, früh ins Bett. Konrad hat seinen Unmut über ihre zunehmende Gereiztheit und das Wegfallen der gemeinsamen gemütlichen Abende anfangs freundlich und einfühlend mitgeteilt. In den letzten Wochen und Monaten wurde sein Missvergnügen aber unübersehbar, und er teilte seine Gefühle unverhohlen mit. Doch Hilde nahm ihre eigene Überforderung nicht wahr und schenkte auch den Signalen von Konrad keine Beachtung. Sie tat, als ob alles in Ordnung war, erzählte immer weniger glaubhaft, wie gut ihr die Arbeit und die Nähkurse bekämen. Sie ließ kritische Rückmeldungen von ihren Freundinnen abblitzen und gab vor, der glücklichste Mensch auf der Welt zu sein. Auch die nachlassenden Schulleistungen von Emil ließen sie nicht aufhorchen. Erst als Konrad die Ehe ernsthaft in Frage stellt, kann sie die Wahrnehmung der eigenen Überforderung nicht mehr umgehen.

In diesem Fall sehen wir, dass Hildes Verdrängen nur vorübergehend hilfreich war. Sie meinte, zu hundert Prozent arbeiten zu können und gleichzeitig, neben der Familie, ihre Hobbys auf professioneller Ebene ausüben zu können. Die Enttäuschung, ihre eigenen Erwartungen nicht erfüllen zu können, wollte sie nicht wahrhaben.

Wenn Hilde, wie in diesem Beispiel beschrieben, schon in einem viel früheren Stadium versucht hätte innezuhalten, hätte sie möglicherweise gemerkt, dass die Work-Life-Balance nicht mehr stimmte. Die Müdigkeit und die Stresssymptomatik hätte sie aller Voraussicht nach wahrgenommen und richtig gedeutet. Sie hätte wahrscheinlich eine passende Lösung gefunden, indem sie zum Beispiel ihr Arbeitspensum auf achtzig Prozent reduziert oder auf einen Teil der Abendkurse verzichtet hätte.

Ignorieren von Gefühlen

Ignorieren ist eine zweite wichtige Abwehrform, um negative Gefühle nicht anschauen zu müssen. Die Gletschersteine, bei Hilde waren es mehrere, werden umgangen. Wir laufen im mentalen Innenraum am Stein vorbei ohne hinzuschauen, im Gegenteil, wir wenden unseren Kopf ab. Beim Ignorieren bleibt der Stein am selben Ort, doch die Bewegungsfreiheit der Person wird eingeschränkt. Das Blickfeld wird massiv beschnitten. Alles, was sich links, rechts, vor und hinter dem Stein befindet, muss ebenfalls ausgeblendet werden, damit nicht einmal der Schatten sichtbar wird, der auf den Stein hinweisen könnte. Zusätzlich kann das Ignorieren von Gefühlen für Beziehungen verwirrende Folgen haben, vor allem dann, wenn uns Mitmenschen in unserer Gefühlswelt besuchen möchten. Das unübersehbare Gefühl, der Stein, kann je nach Situation vom Besucher angesprochen werden. Dies kann zu konfusen, ja bis zu abstrusen Dialogen führen. Für uns kann ein solches Gespräch so unangenehm und womöglich so peinlich werden, dass wir es zukünftig bevorzugen, keine Gäste mehr in unserer Innenwelt zu empfangen.

Wie dieses Beispiel zeigt, kann das Nicht-Anerkennen des eigenen Gefühls eine ganze Kaskade von zuerst individuellen und anschließend auch zwischenmenschlichen Reaktionen auslösen. Dass das Ignorieren ein unheilvoller Abwehrmechanismus ist, darüber sind sich interessanterweise die meisten Menschen einig.

Sublimieren von Gefühlen

Eine weitere Form, die unangenehmen Gefühle nicht ernst zu nehmen und sie zu verharmlosen, ist das Sublimieren. Im Allgemeinen versteht man darunter, dass man zum Beispiel eine Frustration auslebt, indem man joggen geht oder Schlagzeug spielt. Einige erachten etwa die Malweise des niederländischen Künstlers Karel Appel als ein gutes Beispiel für Sublimieren. Filme aus den 60-er Jahren des letzten Jahrhunderts zeigen, wie er mit Wucht die Farben auf das Leintuch wirft, manchmal scheint es, als ob er die Leinwand direkt attackieren möchte. Seine gestaute Wut und Aggression sublimiert er ungestüm zu einer kräftigen Farbfleckkomposition. In unserem Vergleich mit dem voluminösen Gletscherstein greift dementsprechend der kreativ oder sportlich Tätige zu Hammer und Meißel und bearbeitet den Stein so lange, bis daraus eine hübsche Venus entsteht. Die Skulptur ziert jetzt den Innenraum, und das Gefühl hat seine richtungsgebende Eigenschaft verloren. Das unangenehme, wegweisende Gefühl wurde zu einer unschuldigen und arglosen Skulptur umgewandelt. Mit dieser Kunst im Innenraum können wir sogar Anerkennung ernten, etwa wenn Besucher voller Lob über die künstlerische Begabung sind. Wir können das unerfreuliche Gefühl auch unerkannt weitergeben. Sensible Empfänger werden erahnen, dass diese kopf- und armlose Statue der Kern eines lästigen Gefühls ist.

Soll man dann besser nicht Fahrrad fahren oder Tanzen gehen, ist jegliche sportliche oder künstlerische Aktivität ein unbewusstes Sublimieren? Gewiss nicht: Sport kann uns Kraft, Selbstvertrauen und Freude schenken. Ein Bildhauer kann auch aus anderen Steinen Kunstwerke für die Ewigkeit schaffen. Auch sonst können wir spüren, mit welcher Intension wir zum Pinsel greifen oder mit welcher Energie wir als Fußballspieler ein Foul begehen. Erinnern wir uns nochmals an die Frage: „Wie geht es mir jetzt? Was empfinde ich leiblich, wenn ich vor der Staffelei sitze, die Farben anrühre und den ersten Strich auf die Leinwand setze?" Sie müssen natürlich nicht jedes Mal achtsam malen, sie müssen nicht wie ein buddhistischer Mönch in höchster Konzentration kalligraphisch ein Zeichen malen. Es ist legitim, sich dafür zu entscheiden, das unangenehme Gefühl zu externalisieren. Sie dürfen es gezielt aus ihrem Raum entfernen. Mit Kunst und Sport wählen Sie dabei eine Form, die vorerst einmal ungefährlich ist und zudem in unserer Kultur geschätzt wird. Mit diesem Beispiel kommen wir zu einer nächsten Variation, wie wir mit unliebsamen Gefühlen umgehen können. Bei den bisher beschriebenen Abwehrmethoden von unbequemen Gefühlen sind wir mit unserem Aufmerksamkeitsstandort in unserem Innenraum geblieben und haben in unserer Gefühlswelt einen Modus gefunden, mit dem wir unerfreuliche Gefühle nicht wahrnehmen müssen.

Externalisieren von Gefühlen

Eine weitere Alternative bietet die Möglichkeit, unseren mentalen Innenraum zu verlassen. Dabei können wir das Gefühl über unsere psychische Grenze mit in die Außenwelt nehmen. Wenn wir das unerwünschte Gefühl aus unserer eigenen Gefühlswelt abtransportieren, können wir zwei Ziele haben. Entweder wir versuchen, das Gefühl in den psychischen Innenraum eines Mitmenschen zu deponieren, oder wir wählen als Endstation den öffentlichen bzw. zwischenmenschlichen Raum. Die erste Form, das Weiterleiten in den privaten Raum eines Mitmenschen, wird auch Projektion genannt. Wir haben das Deponieren eines eigenen Gefühls in einen fremden Raum im Kapitel 3 beim Vorgesetzten von Peter gesehen. Wie wir uns noch erinnern können, versuchte dieser seine eigenen Unzufriedenheitsgefühle in Peters Innenwelt zu deponieren.

Die zweite Option, das Platzieren im Außenraum, werden wir uns jetzt genauer ansehen. Konkret bedeutet dies, dass ein uns zugehöriges Gefühl irgendwo im öffentlichen Raum abgestellt wird und dort herrenlos weiter existiert. In unserer modernen Gesellschaft haben wir dazu eine große Auswahl an ganz unterschiedlichen Vorgehensweisen zur Verfügung. Früher hatte nur der Künstler die Narrenfreiheit, seine Gefühle, Erfahrungen und Bilder in die Welt zu schicken. Er musste dafür eine spezielle Begabung oder Originalität aufweisen, damit etwa seine in der Stadt aufgestellten Skulpturen von der Gesellschaft akzeptiert wurden. Mit der Moderne wurde eine Inflation des professionellen, begnadeten Externalisieren von Gefühlen in Gang gesetzt. Es gab in der jüngsten Kunstgeschichte eine Epoche, die durch eine Kunst gekennzeichnet war, die scheinbar jedermann hätte schaffen können. Riesengroße, weiße Leinwände mit einem einzigen Farbklecks wurden als Kunst verkauft. Auch wenn mancher Museumsbesucher beim Ansehen den Kopf schüttelte, wurde damit möglicherweise ein neues Zeitalter eingeweiht. Die Botschaft lautete: Du musst kein talentierte Künstler sein, der eine gründliche Ausbildung absolviert hat, um deine Gefühle und Erfahrungen in die Öffentlichkeit tragen zu dürfen. Als Erstes nahmen die Medien die neue Strömung auf. Viel gelesene Erfolgszeitungen begannen über persönliche Daten von berühmten Erdbewohnern zu berichten. Anschließend durfte auch der normale Bürger in Reality-Shows über seine Krankheiten, Leiden und Behandlungen berichten, natürlich in einer Form, in der viele Gefühle in den Äther gelangten. Das Mobiltelefon hat bereits die nächste Runde eingeläutet. Es gehört mittlerweile zu unserem Alltag, dass wir in der Tram oder im Zug akustisch Zeugen von fremden Familienereignissen, Beziehungsdramen oder auch ungewünschten Smalltalks werden. Jugendliche, die sich dieser Emotionspower nicht widersetzen können, küssen sich vor der Webcam und veröffentlichen ihren ersten Zungenkuss im Internet. Blogs langweilen uns millionenfach mit einschläfernden Gefühlsäußerungen. Die Emotionsverschmutzung hat bereits ein Ausmaß erreicht, dass der Rückzug in die eigene Innenwelt sogar für sehr extrovertierte Medienstars häufig die einzige noch bleibende Lösung ist. Viele trauen sich nur noch mit Schutz in den öffentlichen Raum zu treten und versinken, eingesperrt in der eigenen Welt, in eine Depression, aus der sie nur noch mit Anstrengung wieder herausfinden.

Das Lebensmotto unserer Generation scheint eine dysregulierte ungezügelte Verschmutzung unseres Lebensraumes zu sein, die unverkennbar auch vor unseren Gefühlen keinen Halt gemacht hat. Was dies für Folgen haben wird, darüber können wir nur spekulieren.

Rationalisieren von Gefühlen

Kommen wir – nach dieser eher zu Pessimismus führenden Gefühlsbewältigungsform – zur letzten Form des hier aufzuführenden „Gefühlsmanagements", dem Rationalisieren. Beim Rationalisieren befinden wir uns mit unserer Aufmerksamkeit auch in der Außenwelt, nur haben wir das schwierige Gefühl nicht mit in die Außenwelt getragen: das Gefühl, der Gletscherstein stehe unberührt in unserer Innenwelt, und wir schauen jetzt von außen, aus einer sicheren Distanz, auf diesen Felsbrocken. Aus der Ferne hat das Gefühl seine Bedrohung vor allem auch deswegen verloren, weil wir uns im Zwischenraum befinden und den leiblichen Zugang zu unseren Gefühlen beim Verlassen der Innenwelt verloren haben. Wir können, ohne betroffen zu sein, das Gefühl betrachten, wir können es sogar untersuchend, kritisierend und analytisch betrachten, ohne dass unsere Beine zu zittern beginnen oder der Schweiß von unserer Stirne tropft. Ohne Herzklopfen oder Atemnot können wir kennzeichnende Eigenschaften registrieren und Ecken und Kanten dokumentieren. Wenn wir so sachlich über ein eigenes befrachtetes Gefühl denken oder sprechen können, bedeutet dies nicht, dass wir alles im Griff haben, sondern nur, dass wir uns im zwischenmenschlichen Außenraum aufhalten. Das Wissen, dass uns die Rückkehr zur Innenwelt unumgänglich mit dem Gesteinsbrocken konfrontieren wird, verleitet viele dazu, sich ganz von der eigenen Gefühlswelt abzuwenden. Sie kehren ihren Gefühlen den Rücken, und manche entschließen sich unbewusst, nie wieder zurückzukehren. Jedoch: Je weiter sie sich von der eigenen Innenwelt entfernen, desto stärker wird die Sehnsucht nach der eigenen Seelenwelt. Der Wunsch, uns mit unseren Gefühlen verbinden zu können, das Verlangen uns in unserer Innenwelt heimisch zu fühlen, bleibt bestehen.

Wenn die erreichte Distanz zur Gefühlswelt sehr groß geworden ist, können die Reisenden in ein Spannungsfeld geraten, in dem sie nicht mehr wissen, was zu tun ist. In der Fantasie sind der Stein und seine Bedrohung größer und größer geworden. Gleichzeitig hören sie die nach ihnen rufende Innenwelt: „Bitte komm zurück und kümmere dich um mich", scheint die Gefühlswelt ihnen zurufen zu wollen. Immer wieder wird der Hilfeschrei gehört, und manchmal folgt darauf ein anstrengender und hoffungsvoller Weg zurück zum eigenen Ich. Taucht nach einer Weile die Innenwelt wieder auf, stellen wir fest, dass der Stein des Anstoßes noch unverkennbar am gleichen Ort steht. Das Gefühl hat geduldig gewartet und ist voller Lebensbejahung immer noch bereit, uns auch nach längerer Zeit der Abwesenheit wohlgesinnt zu helfen. Jetzt, wo wir das Gefühl sehen und wir uns vielleicht erstmals getrauen ihm zuzustimmen, danken wir ihm für sein Durchhaltevermögen. Wir werden unsere mutige Zustimmung mit Sicherheit nicht bereuen. Im Gegenteil, auf diesen Tag des Rückkehrs in die eigene Gefühlswelt, auf den wir uns unbewusst schon lange gesehnt haben, werden wir später dankerfüllt zurückblicken.

6

Ich „sehe" ein Gefühl

Vielleicht haben Sie, seit Sie mit dem Lesen dieses Buches begonnen haben, bereits öfters die Übung machen können. Dabei sind möglicherweise mehrere Fragen aufgetaucht, und Sie haben auch bemerkt, dass die scheinbar simple Übung gar nicht so einfach ist.

Wir werden in den nachfolgenden Kapiteln mehrere Schwierigkeiten, die von Unerfahrenen immer wieder erwähnt werden, genauer betrachten. Dabei ist eigentlich niemand von uns unerfahren, da wir ja alle in der Kindheit schon Experten waren. Nur ist unsere Sachkundigkeit durch ein Fehlen der regelmässigen Praxis vernachlässigt worden. Ein Chirurg muss innerhalb eines Jahres eine bestimmte Anzahl von Operationen nachweisen, damit seine Fachkenntnisse für eine weitere Periode anerkannt werden. Entsprechend soll dieses Buch wie ein Auffrischungskurs sein, der Sie wieder befähigt, mit Ihren Gefühlen eine freundschaftliche Beziehung aufzubauen. Nur werden Sie nicht von einer Institution eine Urkunde erhalten, sondern Ihr eigenes Wohlbefinden wird das Zertifikat für Ihr Können sein.

In diesem Kapitel werden wir betrachten, was es in der Praxis bedeutet, angenehmen Gefühlen zuzustimmen. Auf den ersten Blick scheint der Unterschied zwischen begrüßenswerten und gewöhnlichen Gefühlen offensichtlich zu sein. Dies ist jedoch oft nicht der Fall. Wenn wir jemanden fragen, wie er weiß, ob es ihm gut geht, dann schaut er uns wahrscheinlich mit großen Augen an und versteht die Frage nicht. Wie wissen wir, dass es uns gut geht, dass wir Fröhlichkeit, Zuversicht, Entzücktheit oder Dankbarkeit verspüren? Wie können wir diesem Empfinden einen Namen geben, woher wissen wir, dass dieser Gefühlszustand Fröhlichkeit genannt wird? Mit dieser Frage betreten wir ein kompliziertes Wissensgebiet. Im Großen und Ganzen kann man davon ausgehen, dass Gefühle, mit denen wir in einem bestimmten Moment verbunden sind, physisch wahrnehmbar sind. Unser Körper sendet auf ganz unterschiedliche Weise ununterbrochen Informationen über seinen Zustand zum Gehirn. Im Gehirn sind hunderte, ja wahrscheinlich tausende von verschiedenen Körperzuständen kartographiert, und je nach Kombination wird ein Körperzustand einem Gefühlsbild zugeteilt, das wir im Verlauf unseres Lebens zu benennen gelernt haben (Damasio, 2004). So kann im Gehirn eine erhöhte Herzfrequenz, ein angestiegener systolischer Blutdruck, eine Zunahme der Schweißsekretion, ein gesteigerter Muskeltonus, eine oberflächliche Atmung usw. als Angst registriert werden. Kleine Änderungen in einem dieser Körperbereiche können zu einer neuen Konstellation führen. Nimmt zum Beispiel die Muskelspannung an den Armen und Beinen noch mehr zu, kann es sein, dass Sie dieses Gefühl bereits als Wut bezeichnen. Es können auch ganz andere Faktoren zu einer ähnlichen Körperkonstellation führen. So kann eine Überfunktion der Schilddrüse zu ähnlichen Körperveränderungen führen und deshalb auch als Angst interpretiert werden.

Manchmal können wir die Frage: „Wie geht es mir jetzt?“ nicht beantworten. Wir versuchen, dem aktuellen Gefühl einen Namen zu geben, aber es gelingt uns nicht. Wir können es nicht einordnen, wir können es nicht wiedererkennen. Es ist, um einen Vergleich mit der Musik anzubringen, wie wenn wir Musik hören und versuchen, diese einzuordnen. Der ausgebildete Musiker, mit einem trainierten Gehör, kann präzise den Komponisten ausfindig machen. Er kann die Musik vielleicht nach Zeitalter einordnen, zum Beispiel in die Romantik, oder er erkennt gegebenenfalls anhand des Stils oder der Instrumentenzusammenstellung den richtigen Komponisten. Genau dasselbe, was der Musiker mit der gehörten Musik macht, können wir mit den gespürten Empfindungen tun. Wir können in unseren Körper hineinhorchen. Vielleicht macht sich ein spezieller Körperteil durch eine Empfindung bemerkbar, wir spüren ein Kribbeln im Bauch, eine Unruhe in den Waden oder eine schnelle Atmung. Das bewusste Erkennen dieser Veränderungen, die einen Teil des gesamten Körperzustandes bilden, kann uns helfen, das Gefühl einzuordnen. Wir können uns also bei der Gefühlswahrnehmung auf unseren Leib konzentrieren. Anstatt: „Wie geht es mir jetzt?“ können wir auch fragen: „Welche Leibempfindung nehme ich zurzeit wahr?“ Und wie beim Gefühl können wir diesem Körperzustand zustimmen. Wir können also sagen: „Es ist in Ordnung, dass ich jetzt eine Unruhe in den

Waden spüre, es ist okay, wenn ich ein Kribbeln im Bauch bemerke, ich sage ja zu meiner schnelle Atmung."

Kommen wir noch einmal zurück auf die angenehmen Gefühle, auf einen wohltuenden Seinszustand. Was nehmen wir wahr, wenn es uns gut geht? Meistens sind bei uns diese Körperempfindungen nicht bewusst. Achten Sie darauf, wenn Sie das nächste Mal wohlauf sind, wo und wie Sie dies physisch wahrnehmen. Sie werden merken, dass es gar nicht so einfach ist. Der Grund dafür ist die fehlende Übung. Wenn wir frisch und munter sind, freuen wir uns darüber, sprühen vor Energie und sind eher aktiv statt innezuhalten. Versuchen Sie es doch einmal. Sie werden überrascht sein, was Sie alles bemerken werden. Sie werden vielleicht eine Weite im Brustbereich spüren, eine behagliche Wärme im Bauch erkennen, ein wohliges Fließen im Körper entdecken, ein Lächeln auf den Lippen spüren, eine tiefe, entspannte Atmung feststellen, Helligkeit empfinden, ein Geerdetsein bemerken oder eine Erleichterung konstatieren. Wird uns ein freudiges Gefühl körperlich bewusst und stimmen wir ihm zu, verstärkt sich unsere Freude. Es ist, als ob das Gefühl gefestigt und verankert wird. Wenn wir also des öfteren in unseren Körper hineinhorchen, wir uns schon eines leichten Lächelns auf den Lippen bewusst werden, werden wir die am Anfang gestellte Frage beantworten können: „Wie weiß ich, dass es mir gut geht?" Ich weiß es, weil ich eine Weite in der Brust verspüre, eine Wärme im Bauch empfinde, meine Beine tanzen möchten. Darum geht es mir gut.

Es erscheint logisch, dass es einfacher ist, angenehmen Gefühlen zuzustimmen als unangenehmen. Meistens stimmt dies. Doch es gibt auch Ausnahmen. Ein bekanntes Beispiel ist die Schadenfreude. Wir erfahren zum Beispiel, dass ein ehrgeiziger, karrieresüchtiger Kollege vom Chef eine Rüge bekommen hat. Wir spüren ein behagliches, wohliges Gefühl im Bauch und eine Leichtigkeit in den Beinen. Jetzt versuchen wir, diese Freude zu bejahen, und merken, dass es uns nicht gelingt.

Ein anderes Beispiel: Eine alte Frau leidet seit vielen Jahren an einer schweren Erkrankung. Die Tochter pflegt sie über Jahre, besucht sie täglich, wäscht sie, kocht für sie und macht ihr den Haushalt. Noch an Mutters Todestag spürt die Tochter eine Erleichterung. Irgendetwas in ihr verbietet ihr jedoch, dieses Gefühl anzunehmen. Die Tochter glaubt, dieses Gefühl verdrängen zu müssen, schämt sich und bestraft sich vielleicht sogar dafür.

Gute Gefühle gut zu heißen, kann auch für Menschen schwierig sein, die gelernt haben, dass es Ihnen nicht gut gehen darf. Sobald sie sich wohlfühlen und eine innere Ruhe spüren, hören sie eine innere Stimme, die zuerst leise und dann lauter sagt: „Mir darf es nicht gut gehen" und: „Mir ist die Ruhe nicht gegönnt". Stellen wir uns nochmals unseren Innenraum vor, unseren psychisch-seelischen Garten. In dieser Grünfläche befindet sich eine Tafel, auf der steht: „Mir darf es nicht gut gehen". Dieses Schild haben Sie dort nicht selbst deponiert. Das würde keinen Sinn ergeben. Diese Tafel hat ein Anderer wahrscheinlich vor vielen Jahren dort hinterlassen. Sie wissen gar nichts anderes, als dass der Text „Mir darf es nicht gut gehen" Ihrer eigenen Wahrheit entspricht. Nie haben Sie die Richtigkeit dieser Anschauung in Frage gestellt.

Wir sehen anhand dieses Beispiels, wie Ansichten, auch wenn Sie fremdplatziert sind, unsere Gefühlswelt entscheidend beeinflussen können. Zusätzlich trübt in diesem Beispiel die Wahrnehmung, dass wir irgendeinmal nicht mehr unterscheiden können, ob der Text auf der Tafel eine Ansicht oder ein Gefühl darstellt. „Mir darf es nicht gut gehen" kann eine Gefühlsqualität entwickeln, obwohl es eine Überzeugung ist.

Alle Ansichten, Überzeugungen, Anschauungen und Glaubenssätze, die uns hemmen und unserem Glück im Wege stehen, sind fremdplatziert. Es macht keinen Sinn, dass wir irgendeine Überzeugung annehmen, die uns beeinträchtigt und unsere Entwicklung behindert oder unsere persönliche Entfaltung blockiert. Alles, was unserem Wachstum im Wege steht, kommt von außen. Jedes Lebewesen, ob Pflanze, Baum, Tier oder Mensch, hat eine Lebensenergie in sich, die nichts anderes will, als selbst zu voller Entfaltung und Blüte zu kommen. Die Eichel will zum Eichenbaum werden, das Kälbchen zur ausgewachsenen Kuh, das Baby zu einem reifen, zufriedenen Menschen.

Stellen Sie sich folgendes Bild vor: Sie haben im Wohnzimmer neben der Türe, die zum Garten führt, ein Bücherregal stehen. Zwischen dem Bücherregal und der Glastüre steht ein Topf mit einer Kletterpflanze. Die Pflanze wird nie von sich aus hinter dem Bücherregal im Dunkeln wachsen und verkümmern, weil ihr das Licht fehlt. Wenn die Pflanze den ungewöhnlichen, lebenswiderstrebenden Weg geht, dann nur, weil eine Kraft von außen, sie daran hindert, sich dem Licht zuzuwenden. Der Besitzer dieser Pflanze hat zum Beispiel mit einer Schnur dem Wachstum der Pflanze eine unnatürliche

Richtung gegeben. Genau dasselbe gilt auch für uns Menschen. Alles was uns hindert, ein lebensbejahender, froher Mensch zu werden, kommt nicht aus unserem Inneren, sondern ist von außen in unser Inneres hineingeraten. Wie wir gesehen haben, kann dies eine hinterlegte Ansicht sein oder auch ein Bild, eine Erfahrung oder Aufgabe. Diese können beeinträchtigend sein und unseren Lebensfluss abzapfen oder zum Stillstand bringen. Auch hartherzige Gefühle, wenn sie lieblos fremdplatziert wurden, können uns behindern, unseren Weg zu gehen.

7

Was ist ein normales Gefühl?

Es ist ein Unterschied, ob ich einen Bekannten, dem ich auf der Straße begegne, frage: „Wie geht es Ihnen?" Oder ob ich als Arzt während einer Therapiesitzung den Patienten nach seiner Befindlichkeit frage. Obwohl es meistens klar ist, dass ich diese Frage nicht aus Höflichkeit stelle, sondern wirklich wissen möchte, wie es dem Patienten in diesem Augenblick geht, antworten viele „normal".

Was bedeutet normal, was besagt das Wort normal in diesem Zusammenhang? Manchmal frage ich nach und möchte gerne wissen, wie sich "normal" körperlich anfühlt: „Ich spüre nichts besonderes, ich habe keine Kopfschmerzen, die Rückenprobleme sind zurzeit nicht aktuell, es geht mir wie üblich". Häufig wird beschrieben, was alles nicht da ist, auch wenn ich gezielt nachfrage: „Wie ist Ihre Atmung aktuell?" Die ist nicht besonders schnell. „Was verspüren Sie in Ihrem Bauch?" Nichts Spezielles. „Wie ist die Muskelspannung?" Die ist unauffällig. „Möchten sich Ihre Beine bewegen?" Nein, ich verspüre nichts Außergewöhnliches.

Aus meiner Sicht geschieht dies, wenn wir uns mit unserem Aufmerksamkeitsstandort nicht im psychischen Innenraum befinden. Dennoch kommt es vor, dass jemand bei sich ist und trotzdem seinen Körperzustand nicht beschreiben kann. Ein Grund dafür könnte sein, dass diese Person gewöhnt ist, Beschreibungen in der Negativform zu formulieren. Dies verhindert beim Zuhörer, sich ein Bild von seinem Befinden zu machen. Das gleiche gilt jedoch auch für den Erzähler selbst, dem es angeblich nicht gelingt, sein inneres Körperbild, den Zustand seiner inneren Organe inklusive Muskeln und Haut konkret zu erkennen.

Sie können dies anhand des folgenden Beispiels gut verstehen: Ich werde Ihnen jetzt mein Wohnzimmer beschreiben. Für ein Sachbuch ist dies recht ungewöhnlich. Sie werden sofort verstehen, weshalb ich mich getraue, ohne große Hemmungen in diesem Kontext meinen ganz persönlichen Wohnraum darzustellen. In meinem Wohnzimmer (das Wohnzimmer meiner

Familie) gibt es keine rosaroten Vorhänge mit roten Blumenmustern. Es hat auch keinen Perserteppich auf dem Boden, und ich habe auch keine Goldfische in einem runden Aquarium. Es liegt kein Hundeknochen unter dem Sofa, und es hängen auch keine Kopien von van Gogh an den Wänden. Kein Klavier steht in einer Ecke des Raumes, und kein Orangenbäumchen steht beim Fenster.

Wie Sie merken, haben Sie nach dieser Beschreibung keine Ahnung, wie es bei mir zu Hause aussieht. Wenn wir auf eine ähnliche Weise unsere momentane Befindlichkeit beschreiben, weiß nicht nur das Gegenüber nicht, wie es uns geht, sondern auch wir selbst haben offensichtlich keine Vorstellung von unserer Gemütslage. Versuchen wir also beim Beschreiben unserer seelischen Erregung oder beim Artikulieren unserer Körperempfindungen, das Vorhandene zu beschreiben und nicht, was fehlt oder gestern in einer anderen Situation noch da war. Erstens werden wir gezwungen, präziser hinzuschauen, und zweitens wird jetzt ein Gefühl oder Körperbild sichtbar, das eine richtungsgebende Qualität besitzt. Mit der Antwort „normal" oder „nichts Besonderes" gehen wir der Auseinandersetzung mit der Botschaft des aktuellen Gefühls aus dem Weg. Damit gehen wir das Risiko ein, eine aktuelle Situation nicht richtig einzuschätzen oder die Vertiefung einer Angelegenheit zu verfehlen.

8

Es geht mir nicht gut

Was geschieht, wenn wir auf ein unangenehmes Gefühl stoßen? Welche Dynamiken, Muster, Gewohnheiten und automatischen Reaktionen zeigen sich dann? Einigen davon sind wir bereits in vorangegangenen Kapiteln begegnet. Wir haben verschiedene Abwehrmechanismen kennengelernt und gesehen, dass diese Strategien meistens unbewusst verlaufen. Wenn wir ein unangenehmes Gefühl in unserem psychischen Raum antreffen und nicht verdrängen, nicht ignorieren, nicht sublimieren, nicht rationalisieren oder projektieren, kann dies manchmal zu inneren Konflikten führen. Viele von uns haben implizit gelernt, gewisse Gefühle nicht haben zu dürfen. Es gilt zum Beispiel unausgesprochen ein Verbot für Eifersuchtsgefühle, Rachegefühle, Hassgefühle, um nur einige zu erwähnen. Aus der christlichen Tradition her ist es kaum erlaubt, Hassgefühle zu haben. Dies ist gut nachvollziehbar, wenn wir davon ausgehen, dass Hassgefühle auch immer zu Hassverhalten führen. Dass dies zum Glück nicht der Fall ist, wissen wir natürlich. Beim Hassverbot geht man von der Prämisse aus, dass das Risiko, gewalttätig zu werden, bei jemandem höher ist, der die Hassgefühle zulässt, als bei jemandem, der die Hassgefühle verdrängt oder ignoriert. Manchmal, so wird argumentiert, führt das Hassgefühl zu Hassfantasien, und dies soll die Schwelle zu Gewalthandlungen senken. Wie wir später noch sehen werden, ist dies nicht der Fall. Das Zulassen des Hassgefühls führt zu einer Beruhigung, die solche Fantasien gar nicht mehr aufkommen lässt. Das Gefühlsverbot, ganz egal welcher Art, sollte – wenn möglich – aus psychodynamischer und pädagogischer Sicht abgestellt werden. Gefühlsverbote sind längerfristig kontraproduktiv.

Ein gutes Beispiel dafür sind die untersagten Angstgefühle. Auch in unserer westlichen Kultur sehen wir immer noch, dass Knaben keine Angst haben und schon gar keine Angst zeigen dürfen. Es wird dem Kind vermittelt, dass Angstgefühle ein Zeichen der Schwäche sind und einem Versagen gleichkommen. Das Kind wird bei seiner Angstabwehr unterstützt und manchmal sogar für sein mutiges Ignorieren der Angst belohnt. Sogar kleinste Anzeichen von Angstäußerungen werden mit entwertenden Bemerkungen kommentiert. Die aufkommende Angst geht oft zusätzlich mit Scham und Schuldgefühlen einher. Dies kann zuweilen zu Tablettenmissbrauch oder erhöhtem Alkoholkonsum führen. Zudem geht bereits dem jungen Menschen ein ganz wichtiges Gefühl verloren, denn das Angstgefühl hat eine sehr klare Aussagekraft. Gerade die subtilen niederschwelligen Angstempfindungen können uns ganz wesentliche Handlungshinweise geben. So manche Fehler, Dummheiten oder Verirrungen hätten mit einer Angstzustimmung vermieden werden können. Wir werden in Kapitel 14 die Angst und die therapeutische Wirkung der Angstbejahung noch genauer anschauen.

Es gibt Menschen, die immer dann auf ein unangenehmes Gefühl stoßen, wenn sie sich ihrer Gemütsbewegungen bewusst werden. Auch wenn diese Personen aus der Sicht eines Außenstehenden eigentlich zufrieden und dankbar sein müssten, berichten sie nur von negativen Gemütszuständen. Mit Hilfe unserer Raummetapher ist klar, dass diese Menschen in ihrem psychischen Raum von schwierigen, schmerzhaften Gefühlen umgeben sind. Diese Gefühle betreffen meistens nicht die gegenwärtige Situation, sondern sind alte Gefühle, die möglicherweise seit Jahren an einem ungünstigen zentralen Ort fixiert sind. Die Betreffenden waren nicht dazu fähig, diesen damaligen adäquaten Gefühlen im Laufe der Zeit einen neuen angemessenen Platz zu geben.

Unangenehmen Gefühlen, die zu uns gehören, weil wir beispielsweise in der Vergangenheit etwas Trauriges oder Schwieriges erlebt haben, können wir in unserer Innenwelt einen besseren Platz geben. Wenn wir uns nochmals die Gartenmetapher in Erinnerung rufen, können wir uns vorstellen, im hinteren Teil der Innenwelt ein Gartenhäuschen zu haben. Wir können uns dies schön ausmalen und uns vorstellen, eigenen schmerzhaften oder vielleicht auch bedrohlichen Gefühlen dort einen neuen Platz zu geben. Darauf schließen wir das Häuschen zu und stecken den Schlüssel tief in unsere Hosentasche. Keinen einzigen Gast der Innenwelt lassen wir in das Häuschen eintreten, und auch wir besuchen es nur dann, wenn es wirklich notwendig ist.

Unangenehme Gefühle können auch fremdplatziert sein (Blaser, 2008). Schauen wir uns hierzu nochmals ein Beispiel an:

Beate hat als 6-jähriges Mädchen die Bombenangriffe der Alliierten im zweiten Weltkrieg mit ihrer Mutter im Luftschutzkeller erlebt. Zwei Geschwister kamen bei den Bombenangriffen ums Leben. Als Beate viele Jahre später verheiratet ist, spricht sie nie über ihre Kriegserfahrungen. Sie will ihre zwei Kinder schonen. Doch genau das, was sie vermeiden will, geschieht. Wenn sie die Nachrichten schaut oder zufällig Ausschnitte aus Kriegsdokumentationen sieht, kommen die alten Ängste wieder hoch.

Die Ängste gelangen durch Beates verängstigte Art und die unruhigen Blicke sowie ihren zusammengezogenen Körper und ihre zittrige Stimme in die Innenwelt ihrer Kinder. Diese leiden beide später auf unterschiedliche Weise an Panikattacken und Phobien. Es ist wahrscheinlich, dass Beates Traumagefühle ungewollt und unbewusst weitergegeben wurden (Blaser, 2011).

Auch können, wie schon in Kapitel 4 besprochen wurde, Gefühle ein Konglomerat von mehreren gleichartigen Gefühlen sein. Zum letzten Phänomen kann in diesem Zusammenhang noch die interessante Beobachtung gemacht werden, dass es von mehreren Gefühlsbegriffen keinen Plural gibt. Sowie es einen Baum und zwei Bäume gibt, gibt es vom Substantiv Wut nur ein Singular, nicht zwei Wute, keine drei Ekel oder mehrere Abscheue, Hasse oder Schämen. Mit dem hier dargestellten Modell, bei dem wir mehrere Wutgefühle in unserer psychischen Innenwelt unterscheiden können, wäre dies eigentlich sinnvoll.

9

Achtsamkeitsübung im Sessel

Kommen wir nun zum praktischen Teil dieser Achtsamkeitsübung. Wenn wir uns die Frage stellen: „Wie geht es mir jetzt?“, können wir dies auf verschiedene Arten tun. Am einfachsten ist es, wenn wir uns in einer ruhigen Umgebung ungestört auf unsere Gemütsregung und unser Körperempfinden konzentrieren können.

Bodyscan

Stellen Sie sich vor, Sie sind alleine zu Hause und erwarten keinen Besuch, Sie schauen nicht fern und hören auch kein Radio, das Mobiltelefon ist ausgeschaltet, und Sie setzen sich in einen bequemen Sessel und horchen behutsam und mit Geduld in Ihren Körper. Sie gehen durch Ihren Körper von Kopf bis Fuß. Sie beachten in jedem Körperteil die gegenwärtigen Regungen. Diese Technik, die als „Bodyscan“ in die „Mindfulness based Stressreduction-Methode“ Eingang gefunden hat (Kabat-Zinn, 1999, 2005), braucht Zeit und Ruhe. Bevor Sie an den unteren Extremitäten angelangt sind (wenn Sie beim Kopf beginnen) und bevor Sie festgestellt haben, dass Ihre Füße angenehm warm sind, ist mindestens eine halbe Stunde vergangen. Unsere Übung dagegen können Sie überall machen, dafür braucht es keine Stille. Die in diesem Buch beschriebene Gefühlsübung dauert zudem nicht mehr als eine bis vier Minuten.

Der Bodyscan ist eine achtsame Form der Selbstbeobachtung. Er ist wohltuend, und es kann sinnvoll sein, diese Form des Achtsamkeitstrainings regelmässig anzuwenden. Das Von-innen-nach-innen-Schauen muss gelegentlich auf diese ausführliche Weise wieder gelernt werden. Ab und zu ist dies sogar der einzige Weg, damit jemand von weit entfernt wieder zu seinem Innenraum, zu seiner Gefühlswelt zurückkehren kann. Wenn jemand dank dem Bodyscan oder einer anderen Meditationsform wieder zu seinem eigenen Ich zurückgefunden hat, verspürt er meist große Dankbarkeit. Mit der Rückkehr kann oft eine schwierige Lebensphase beendet werden, und es können neue wichtige Lebensfragen angegangen werden. Wenn wir von innen aus auf ein Gefühl ausgerichtet sind, sind wir leiblich mit diesem Gefühl verbunden. Dieses bewusste Zusammenkommen von Gefühl und Körperempfinden hat eine heilende Wirkung. Dieser intensive, wohltuende Bewusstseinszustand kann abrupt unterbrochen werden, wenn ein Gedanke (zum Beispiel eine Erklärung über das empfundene Gefühl) auftaucht. Wir verlassen in diesem Augenblick, in einem Sekundenbruchteil, unseren Innenraum. Mit gewollter Anstrengung können wir wieder in unsere Innenwelt zurückkehren. Dies erreichen wir, indem wir erneut der Frage nach unserer leiblichen Befindlichkeit nachgehen. Die Frage führt uns zu unserem psychischen Innenraum zurück. Die Frage wird zum Führer, zum Reiseleiter, der uns den Weg zur behüteten Innenwelt zeigt.

Achtsames Handeln

Ein anderer Bewusstseinszustand zeigt sich, wenn wir von innen auf eine eigene Handlung achten, zum Beispiel beim achtsamen Gehen. Der vietnamesische Meister Thich Nhat Hanh hat dies sowohl in einem sehr schönen Film gezeigt, wie auch in seinen Büchern beschrieben (Thich Nhat Hanh, 1988, 2008). Sie laufen in der Wohnung umher, spazieren durch die Stadt, gehen durch den Wald und achten auf Ihren Gang. Sie spüren Ihre Füße, wie diese abgerollt werden, Sie fühlen den Bodenkontakt, den Rhythmus Ihrer Schritte, Sie sind sich Ihres Gehens bewusst. Was ist der Unterschied zur vorherigen Situation, als Sie bequem im Sessel saßen?

Beim Bodyscan oder beim Nach-innen-Horchen sind Sie mit Ihrer Aufmerksamkeit in Ihrem psychisch-seelischen Raum und schauen von innen nach innen. Sie nehmen Kontakt auf mit den Gefühlen, Erfahrungen oder inneren Bildern. Und Ihnen werden die dazu gehörenden Leibempfindungen bewusst. Ihre Aufmerksamkeit ist ganz auf die Innenwelt gerichtet. Beim achtsamen Gehen oder beim achtsamen Kochen, beim achtsamen Bügeln oder bei der achtsamen Gartenarbeit ist die Aufmerksamkeit sowohl auf das Innere als auch auf die nächste Umgebung fokussiert. Beim achtsamen Kochen spüren Sie, wie Sie das Messer in der Hand halten, wie es sich durch die Zwiebel bahnt, wie der Zwiebelduft zuerst Ihre Nasenschleimhaut erreicht und dann die Augen zum Weinen bringt. Sie nehmen mit all Ihren Sinnen und mit totaler Leibempfindung Ihr Handeln und Ihre Verbundenheit mit der Umwelt wahr. Es kann manchmal schwierig werden, das Äußere vom Inneren zu unterscheiden. Die Sinnesorgane werden zu Grenzrezeptoren und vermitteln hauchdünn zwischen Außen- und Innenwelt. Beim achtsamen Kochen „bifokussieren" wir. Die Aufmerksamkeit ist gleichzeitig nach innen, in den Leib, wie auch nach außen auf die Zwiebel konzentriert. Dazu kommt, dass sich zwischen unserem Leib und der Zwiebel im Innenraum noch eigene Gefühle, Erfahrungen oder Bilder im Blickfeld aufhalten können. Es kann sein, dass beim achtsamen Zwiebelschneiden Bilder von unserer Mutter auftauchen, als sie singend einen Zwiebelkuchen backte. Wir sehen Sie in der Küche des Elternhauses stehen, wir hören innerlich ihre Stimme, und wir spüren wieder die kindliche Freude, die wir hatten, als das Essen auf unserem Teller lag. Beim achtsamen Kochen, Bügeln oder Gehen, können wir auf diesen drei Ebenen gleichzeitig wahrnehmen. Von unserem Standort im psychischen Innenraum schauen wir nach außen auf die nahe Umgebung, wir spüren den Umkreis, blicken im selben Augenblick in unseren Innenraum, wo Bilder, Gefühle und Erfahrungen auftauchen, und empfinden zeitgleich unseren Leib, der sich mit der Außen- und Innenwelt verbindet.

Sie sehen, dass diese Wahrnehmungsform schon etwas komplexer ist als die Vorhergehende. Unser Gehirn ist jedoch auch für diese Vielschichtigkeit geschaffen. Für unsere Neuronen, Hirnzentren und Sinnesorgane ist dies alles ein Kinderspiel. Wir alle können mit regelmässiger Übung und ein bisschen Geduld zu einem Wahrnehmungsvirtuosen werden. Es ist dasselbe wie bei Musikern: Je besser wir musizieren, desto mehr macht es uns Spaß. Schon bald sind wir aus lauter Spaß am Wahrnehmen große Perzeptionskünstler.

Gleichzeitige Selbstwahrnehmung und Fremderkennung

Wir kommen nun zur schwierigsten Form der Gefühlswahrnehmung: Wenn wir alleine sind, genügt es, nur unsere Innenwelt wahrzunehmen. Sind wir dabei aktiv, wie wir vorher beim Kochen gesehen haben, wird unsere Aufmerksamkeit auf den Kontakt zur engsten Umgebung erweitert. Die schwierigste Wahrnehmungsform ist die gleichzeitige Selbstwahrnehmung und Fremderkennung. Wir sind in unserem Innenraum und schauen auf einen Mitmenschen, der sich, wie wir, in seiner Innenwelt aufhält. Wir nehmen also die im eigenen Raum befindlichen, uns zugehörigen Gefühle, Bilder und Erfahrungen wahr, wir spüren gleichzeitig den direkten Kontakt zur Außenwelt, zum Beispiel mit den Füßen den Bodenkontakt, und zudem erfassen wir unser Gegenüber. Auf alle drei Reize, die eigenen Gefühle, den Kontakt zur direkten Umwelt und die Befindlichkeit des Mitmenschen, reagieren wir physisch. Wir können diese drei gleichzeitig wahrnehmbaren Körperbefindlichkeiten von einander trennen und den ursprünglichen Reizen zuordnen. Diese hochspezifische und subtile Differenzierung vollbringen wir tagtäglich. Dies ist eine Hochleistung des menschlichen Körpers und des Gehirns.

Fassen wir diese höchste Gefühlswahrnehmungsstufe nochmals zusammen: Wenn wir uns im Beisein eines Mitmenschen, mit dem wir in eine Interaktion treten, fragen, wie es uns in diesem Augenblick geht, können wir auf diese Frage mehrere Antworten geben. Wir können mindestens fünf verschiedene leibliche und körperliche Empfindungsqualitäten unterscheiden, die durch fünf unterschiedliche Quellen ausgelöst werden.

- Erstens zeigen wir aufgrund unseres Seins im dinglichen Raum, zum Beispiel Wohnzimmer, Restaurant, Büro, Wald oder Stadt, eine physische Reaktion. Unser körperliches Wohlbefinden ist anders, wenn wir in einem gemütlichen Bistro sitzen, als wenn wir in eine überfüllte Metro einsteigen.
- Zweitens verursachen direkte physische Kontakte zur Umwelt, zum Beispiel der Bodenkontakt oder die Berührung der Stuhllehne, eine taktile Körperempfindung. Im Bistro spüren wir mit den

Oberschenkeln und dem Gesäß die Sitzfläche und mit dem Rücken die Lehne des Stuhls. In der U-Bahn bemerken wir körperlich, wie wir von allen Seiten gestupst werden, einmal vorsichtig, einmal grob und rücksichtslos. Diese taktile Berührung wird ebenfalls physisch registriert.

- Drittens wird durch das Aussehen der sich im gleichen Raum befindenden Gesprächspartner auch unsere leibliche Befindlichkeit beeinflusst. Wir reagieren unbewusst auf die Kleidung eines Anderen, auf seine Haltung, seine Bewegungen, seine Stimme und seine Wortwahl. Dies ist gut spürbar, wenn das Aussehen des Anderen zum Beispiel eine erotische Ausstrahlung hat.
- Viertens befinden sich in unserer Innenwelt innerhalb des aktuellen Aufmerksamkeitsradius ältere Gefühle, Bilder oder Erfahrungen, die ebenfalls eine leibliche Empfindung hervorrufen können. Wie wir bereits gesehen haben, können alte Gefühle oder Erfahrungen ähnliche leibliche Reaktionen herbeiführen, wie die momentanen situationsbedingten Gefühle.
- Zu guter Letzt reagieren wir leiblich auf die gegenwärtigen Gefühle des Gegenübers. Ist der Andere wütend, nehmen wir unter anderem dank der Spiegelneuronen zum Beispiel einen eigenen erhöhten Muskeltonus wahr, machen wir eine Faust, nimmt der Blutdruck zu usw. (Gallese, 1998, 2003).

Indem wir unsere Aufmerksamkeit auf unsere leiblichen Empfindungen richten, bekommen wir einen Zugang zu all diesen Informationen. Wir können die verschiedenen Empfindungsqualitäten von einander unterscheiden und je nach Situation und Intension gezielt anwählen. Meistens verlaufen diese hoch komplexen Vorgänge unbewusst. Sie steuern innerhalb von Sekundenbruchteilen den Informationsfluss und können unser Verhalten entscheidend lenken. Durch bewusstes Fokussieren, durch gezieltes Hinschauen und Hinhorchen sowie durch achtsames Innehalten verlangsamen wir nicht nur diesen Informationsfluss, sondern entwickeln auch völlig neue Entscheidungspfade. Wir können uns gut vorstellen, dass dieses multidimensionale System störungsanfällig ist und nicht immer einwandfrei funktioniert. Es ist auch gut vorstellbar, dass sich in den verschiedenen Prozessabläufen Fehler einschleichen, die zu Pannen und Beeinträchtigungen führen. Wenn die gleichen Fehler sich öfters wiederholen, können Spuren und Muster entstehen, die sich im Verhalten manifestieren. Das regelmässige Abfragen der Gefühlswahrnehmungen reduziert die Anzahl der Pannen und Missgeschicke und unterstützt ein reibungsloses Funktionieren der verschiedenen Vorgänge.

„Sein" und „Haben"

Während ich die unterschiedlichen Aspekte der emotionalen Wahrnehmung hier beschreibe, fühle ich eine tiefe und etwas schnellere Atmung. Meine Beine sind angezogen und ruhen schon minutenlang in der gleichen Stellung. Ein Gefühl der Ausdehnung in der Brust macht sich breit, und ich merke, dass ich unsicher bin. Ich frage mich, ob ich mich bisher verständlich ausgedrückt habe. Diese Unsicherheit bemerke ich an einer Anspannung im Mundwinkelbereich. Vermutlich kommt die jetzige Unsicherheit von meinem starken Wunsch, Ihnen alles gut begreiflich und einfach verständlich zu beschreiben. Es ist mir ein Anliegen, dass Sie Einsicht erhalten in die Genialität der Gefühlswelt, dass ich Ihnen die wunderbare Existenz der Gefühle etwas näher bringen kann. Ich hoffe, dass es mir gelingt, Ihnen einen Teil meiner Begeisterung für unsere Gefühlswelt vermitteln zu können.

Als ich gerade in mich hineinhorchte, die Anspannung in den Mundwinkeln feststellte und dieser zustimmte, merkte ich, dass ich gar nicht unsicher „bin", sondern eher ein Verunsicherungsgefühl „habe". Hier stoßen wir auf ein neues wichtiges Detail – auf den Unterschied „ich bin ein Gefühl" oder „ich habe ein Gefühl". Der Unterschied zwischen „ich bin wütend", „ich bin verärgert", „ich bin ängstlich" und „ich habe ein Wutgefühl in mir", „ich spüre eine Verärgerung", „ich habe Angst", kann in vielen Situationen ausschlaggebend sein. Wenn wir denken oder sagen, „ich bin wütend", dann identifizieren wir uns mit dem Gefühl. Der Abstand zur Wut ist dann gleich null. Was bedeutet also „ich bin wütend"? Es heißt, dass mein Ich und mein Körper zu einer einzigen Expression der Wut geworden sind. Und was ist mit dem Rest passiert? Wo sind die anderen Bestandteile meines Ichs?

Wenn wir versuchen, diesen Satz „ich bin wütend" begreiflich zu machen, kommen wir in Erklärungsnot. Erinnern Sie sich an unsere Raummetapher, in der Gefühle einen Platz haben? Sie können je nach Aufmerksamkeit, Fokussierung, Standort und Blickwinkel bewusst wahrgenommen werden. Wenn wir sagen „ich bin wütend", dann ist zumindest klar, dass ein Gefühl der Wut in unser Bewusstsein durchgedrungen ist. Das Gefühl wurde erkannt und benannt. Leider ist die Bezeichnung „ich bin wütend" irreführend und falsch.

Wenn wir uns das Gartenbild noch einmal ins Gedächtnis rufen und uns vergegenwärtigen, dass Pflanzen, Bäume oder Gegenstände ein Gefühl, ein Bild oder eine Erfahrung repräsentieren, dann können wir klar erkennen, dass uns der Satz „ich bin wütend" zu einer falschen Annahme verleitet. Wenn in unserem Raum Gartenmöbel herumstehen und zum Beispiel ein Holztisch unsere Wut vertritt, würde die Aussage „ich bin wütend" bedeuten, „ich bin der Holztisch". Anhand dieses einfachen Vergleichs wird offensichtlich, dass wir nicht ein Gefühl sein können, sondern viele Gefühle haben, wovon eines sich jetzt gerade bemerkbar macht. Ganz egal, ob der Holztisch ein schönes Möbelstück ist oder nicht, der Ausdruck „ich bin ein Gefühl" ist falsch. Also auch „ich bin fröhlich, ich bin zuversichtlich, ich bin gelassen, ich bin unternehmungslustig" usw. Wenn wir uns darüber im Klaren sind und es nicht nur theoretisch verstanden haben, sondern auch im Moment der Gefühlsempfindung dessen bewusst sind, dann haben wir einen entscheidenden Schritt getan. Wir bekommen in diesem Moment eine gesunde Distanz zu unseren Gefühlen und können gleichzeitig zu deren Beobachter werden. Glauben wir jedoch, ein Gefühl zu sein, ist dies unmöglich. Jetzt, wo wir ein Gefühl von einer gewissen Entfernung betrachten können, können wir einerseits spezifische Eigenschaften erkennen und anderseits handlungsfähige Gefühlsbesitzer werden. Erst ab dem Moment, in dem wir das Gefühl als einen eigenständigen Teil unseres Selbst anerkennen, erhalten wir die Möglichkeit, den Umgang mit dem Gefühl zu ändern. Wir erhalten eine neue Kompetenz. Wir werden vom überfluteten, hilflosen Gefühlsopfer zum stolzen Besitzer einer lenkbaren Emotion. Vom verzweifelten Leidtragenden werden wir zum engagierten, intelligenten Ausführenden.

Diese erworbene gesunde Distanz beschränkt sich nicht nur auf die Gefühle, sondern auch auf unsere Meinungen, Überzeugungen, Ansichten und Glaubenssätze. „Ich bin dumm, ich bin langweilig, ich bin phantasielos, ich bin streitsüchtig, ich bin ungeduldig, ich bin ungeeignet“ sind Überzeugungen oder Sätze, die, ähnlich wie Gefühle zu schicksalhaften Missverständnissen führen können. „Ich bin dumm» lautet der Satz, der Tausenden von Menschen das Leben erschwert und zu Mutlosigkeit, Pessimismus und zu Verzweiflung führt. Nicht „ich bin dumm“, sondern in meiner psychischen Innenwelt befindet sich eine Ansicht, die lautet, „ich sei dumm“. Ich habe also eine Meinung über mich, die sich so anhört. Jetzt kann ich diese Annahme von einer gesunden Distanz betrachten. Wenn ich dies tue, werde ich schnell feststellen, dass diese Ansicht nicht von mir kommt, sondern fremdplatziert ist. Sie erinnern sich noch an die Kletterpflanze, die neben dem Bücherregal stand und dort im Dunklen verkümmerte. Eine selbstdestruktive, Wachstum hemmende Ansicht wie „ich bin dumm“ muss daher fremdplatziert sein. Diese Ansicht hat jemand anders vor vielen Jahren, als wir uns noch nicht genügend wehren konnten, in unserem Raum deponiert. Mit dieser Einsicht können wir sofort aktiv werden. Ein fremdes Gefühl oder eine uns nicht zugehörige Überzeugung können wir nun zurückgeben. So lange wir dachten oder sagten, „ich bin ein Gefühl“ oder „ich bin eine Ansicht“, war dies kaum umsetzbar. Es gibt Forschungen, die nachgewiesen haben, dass eine gesunde Distanz zu Gefühlen und Ansichten Depressionen heilen und Rückfälle vermeiden kann (Morin, 2005). Oder anders ausgedrückt: Wenn wir aufhören zu glauben, dass wir Holzstühle, Dornsträuche, Bäume oder Gemüse sind, wird es uns im Nu besser gehen. Wenn Sie sich jetzt fragen „wie geht es mir?“, achten Sie bei der Beschreibung Ihrer Gefühle darauf, das Verb „haben“ anstatt „sein“ zu benützen. Versuchen Sie einmal den Unterschied körperlich zu spüren zwischen den Sätzen „ich bin neugierig auf das nächste Kapitel“ oder „ich habe ein neugieriges Gefühl auf die folgenden Seiten“.

10

Warum ich ein Gefühl habe?

Ist Ihnen am Beispiel mit meiner Unsicherheit beim Schreiben im letzten Kapitel etwas aufgefallen? Blicken wir nochmals kurz zurück und schauen uns die Situation noch einmal genau an. Während des Schreibens über die verschiedenen Körperempfindungen und deren Ursprung fragte ich mich, wie es mir dabei ging. Als ich hinhorchte, verspürte ich eine Unsicherheit. Anschließend ließ ich mich durch einen jahrzehntealten Reflex verleiten, das Gefühl verstehen zu wollen. Die Unsicherheit, so lautete meine Hypothese, wurde durch meinen Wunsch verursacht, Ihnen die unterschiedlichen leiblichen Empfindungen gut begreiflich und einfach verständlich darzustellen. Anschließend ergänzte ich diese Deutung mit der Bemerkung, wie wichtig es für mich sei, Ihnen meine Hingabe an unsere Gefühlswelt vermitteln zu können. Nun stimmt dies überhaupt? Natürlich stimmt das, aber ist es auch die Erklärung für meine Unsicherheit? Sie könnte auch ganz andere Gründe haben. Und schon bevor wir es wissen, sind wir mitten in einer Grübelei gelandet.

In dem Augenblick, in dem wir ein Gefühl verstehen möchten, verlassen wir mit unserer Aufmerksamkeit unsere Innenwelt und blicken von außen, von der Metaebene, auf unsere Innenwelt. Wir versuchen dann, die dortige Anwesenheit der Gefühle zu begründen. Es können wahrscheinlich einige Ursachen gefunden werden, die das Unsicherheitsgefühl erklären könnten. Es wird jedoch schwierig sein, die Richtigkeit der Annahme zu beweisen. Wahrscheinlich lassen sich problemlos Argumente finden, die die gefundene Erklärung sofort wieder entkräften könnten. Stellen Sie sich vor, ich hätte mich nicht mit der beschriebenen Erklärung zufrieden gegeben, von der wir nach wie vor nicht wissen, ob sie stimmt. Dann hätte ich vielleicht Stunden verbracht mit Herumrätseln und Überlegungen anstellen. Ich hätte mir vielleicht den Kopf zerbrochen und schlaflose Nächte gehabt und die Frage, warum der Absatz über die verschiedenen Körperempfindungen zu einer zunehmend unangenehmen Unsicherheit geführt hat, wäre nach wie vor unbeantwortet geblieben.

Was geschieht, wenn wir dem „Begreifreflex" folgen? Wir verlassen mit unserer Aufmerksamkeit unsere psychische Innenwelt und beginnen zu rationalisieren. Denken wir noch einmal zurück an die verschiedenen Abwehrmechanismen, die wir in Kapitel fünf besprochen haben, beispielsweise Rationalisieren. Das Nachvollziehenwollen des Gefühls kann meistens aus einer Abwehrreaktion verstanden werden. Ich wollte unbewusst der Konfrontation mit der Unsicherheit aus dem Wege gehen und wählte wahrscheinlich reflexartig die Rationalisierungsstrategie. Indem ich das Gefühl lieber mit dem Kopf durchschauen wollte, verließ ich blitzschnell den Innenraum und hoffte, eine logische Erklärung für das Gefühl zu finden. Das ist mir gelungen, und weitere nachdenkliche Stunden sind mir diesmal erspart geblieben. Doch was das Gefühl mir wirklich sagen wollte, weiß ich nach wie vor nicht.

Rekapitulieren wir das Vorgehende noch einmal kurz: Wenn Sie sich über ein Gefühl bewusst werden und es benannt haben, versuchen Sie bei dem Gefühl zu bleiben. Geben Sie dem Gefühl Raum und Zeit, einfach ein Gefühl in Ihrer Innenwelt sein zu dürfen. Stimmen sie ihm zu. Merken Sie, dass Sie es begreifen, erklären oder begründen wollen, sagen Sie sich „ich brauche es nicht mit dem Kopf zu begreifen" und kehren Sie wieder zum leiblichen Gefühl in Ihren Innenraum zurück. Gelingt Ihnen das, dann werden vielleicht Einschlafstörungen weniger häufig auftreten, und unfruchtbares Grübeln wird seltener sein.

11

Ich sage ja zu jedem Gefühl

In diesem Kapitel werden wir uns mit dem zweiten Teil der Übung „dem Gefühl zustimmen" auseinandersetzen. Der erste Teil beinhaltete die Gefühlswahrnehmung und die Körperempfindung sowie das Benennen und die Beschreibung von Gefühlen und Empfindungen. Im Folgenden werden wir uns nun mit dem Zustimmen ausführlich befassen.

Zuerst werden wir uns den Unterschied zwischen „ein Gefühl akzeptieren" und „einem Gefühl zustimmen" zuwenden. Was bedeutet es, Gefühle zu akzeptieren? Akzeptieren kann ähnlich sein wie Erdulden: „Na ja, wenn es denn sein muss, kann ich damit leben" könnte die Übersetzung des Wortes Akzeptieren lauten. Für die heilende Wirkung der Gefühlsübung genügt das Erdulden jedoch nicht. Sich damit abzufinden, dass sich ein kraftgebendes oder ein hemmendes Gefühl in unserer Innenwelt aufhält, kann unnütz sein. Mit Akzeptieren kann sogar gemeint sein, etwas in Kauf nehmen zu müssen. Dies kommt einer Ablehnung gleich. Es kann auch widerwilliges Zugestehen sein, ein aufgezwungenes Bekenntnis.

Oft wird das Akzeptieren von der Außenwelt her veranlasst. Wenn wir von der Außenwelt her auf unsere Innenwelt blicken und dort ein Gefühl entdecken, können wir ohne inneren Bezug das Gefühl akzeptieren. Von dort aus kann ein unangenehmes Gefühl schmerzlos sein. Ein beherztes Jasagen ist von der Außenposition nicht möglich. Die Akzeptanz könnte also etwas mit Dissoziation zu tun haben. Wir brauchen also eine andere Haltung gegenüber den manifesten Gefühlen. Meine Erfahrung ist, dass ein freundlich wohlwollendes Zustimmen oder nicht-urteilendes Bejahen ein aufrichtiges Hinschauen ermöglicht. In diesem Sinne ist Zustimmen ein volles Jasagen. Das Gefühl darf genau in diesem Augenblick an diesem bestimmten Ort sein. Es bekommt mit der Zustimmung eine vollständige Existenzberechtigung. Wir schauen nicht halbwegs hin, wir müssen uns nicht abwenden und schon gar nicht unsere Zuflucht in der mentalen Außenwelt suchen.

Indem wir uns unseres Leibes bewusst sind und unser Aufmerksamkeitsstandort in unserer psychisch-seelischen Innenwelt ist, können wir dem Gefühl standfest gegenübertreten. Wir bekommen Macht über unsere Gefühle, ohne dass wir unsere Achtung vor ihnen verlieren. Im Gegenteil, indem wir uns den Gefühlen zuwenden, beginnen wir, sie ernst zu nehmen. Das bedeutet auch, dass wir uns ihnen öffnen und fähig werden, sie richtig zu lesen: „Dass ich jetzt dieses Gefühl habe, ist völlig o.k." Es ist in jeder Beziehung in Ordnung, dass ich zurzeit diese leiblichen Empfindungen habe. Dieses bedingungslose Jasagen bringt unsere Ganzheit zur vollen Geltung. Ein befreiendes Durchatmen kann sich bemerkbar machen. Mit dem vollen Jasagen zum gegenwärtigen Gefühl vergewissern wir uns, in der eigenen Innenwelt angekommen zu sein. Wir befinden uns spätestens jetzt mit unserer Aufmerksamkeit in unserem psychisch-seelischen Raum und werden Zeuge unserer Gefühlswelt. Die ganze eigene innere Schöpfung steht uns jetzt zur Verfügung, wir dürfen sie mit Staunen und Freude in Anschau nehmen. Aber nicht nur als Beobachter der eigenen Innenwelt, sondern auch als kreativer Gestalter dürfen wir unseren Innenraum beanspruchen. Im Wissen, dass unser Innenraum ganz uns gehört, dürfen wir unseren innigsten Wünschen nachgehen.

Wenn wir einem harmlosen Gefühl zustimmen, geschieht es manchmal, dass sich sofort ein zweites, vielleicht weniger angenehmes Gefühl bemerkbar macht. Wenn wir in unserer Innenwelt bleiben möchten, müssen wir auch das zweite Gefühl bejahen. Manchmal erfolgt eine Kette von Gefühlen, die sich alle nacheinander zeigen möchten. Das Warten auf das nächste Gefühl kann auch eine Art von Neugier hervorrufen. Was kommt als Folgendes, welches Gefühl wird sich als Nächstes anbieten?

Mit der einfachen Frage „Wie geht es mir, welches Gefühl nehme ich zurzeit wahr?" und mit der Zustimmung zu diesem Gefühl gelingt es uns, innerhalb kurzer Zeit in unsere Innenwelt zurückzukehren. Vor allem wenn wir uns längere Zeit in der Außenwelt aufgehalten haben, kann die Rückkehr zur Innenwelt wohltuend sein. In der zwischenmenschlichen Außenwelt handeln wir eher sachlich, vernünftig oder rational. Oft üben wir eine komplizierte Tätigkeit mechanisch aus, wie zum Beispiel das Autofahren. Wir bewegen uns durch den Straßenverkehr und sind gedanklich völlig woanders. Schlussendlich erreichen wir unser Ziel, ohne etwas von der Umgebung bewusst wahrgenommen zu haben. Einmal die Frage „Wie geht es mir jetzt?"– und schon sind wir wieder in der Gegenwart angekommen.

Es kann auch geschehen, dass wir in der Hektik des Alltags über Wochen oder Monate nicht die Zeit finden, in unsere Innenwelt zurückzukehren.

Irgendwie wissen wir zwar, dass es höchste Zeit wäre, innezuhalten und unseren Gefühlen mehr Aufmerksamkeit zu schenken, aber dennoch gelingt es uns nicht, diesen Schritt zu tun. Vielleicht glauben wir, dass der Aufwand dafür zu groß wäre. Wie auch immer, wenn man keine Zeit mehr findet, in seiner psychisch-seelischen Innenwelt eine gewisse Zeit zu verweilen, ist die Rede von Stress. Dauert der Stress zu lange an und wird die Distanz zum Innenraum zunehmend größer, besteht sogar die Gefahr, psychisch-seelisch zu erkranken. Indem wir uns die Frage „Wie geht es mir jetzt?" regelmässig stellen, können wir Stressperioden unterbrechen und einen zu großen Abstand zur Innenwelt vermeiden. Die wiederholte bewusste Gefühlswahrnehmung ändert nicht nur unseren Bezug zur eigenen Innenwelt, sondern erneuert auch unsere Beziehung zur Außenwelt. Dadurch, dass wir uns in der Innenwelt aufhalten, ändert sich die Distanz zur Außenwelt. Wir bekommen Abstand zu weltlichen Problemen, finanziellen Angelegenheiten, Ärger am Arbeitsplatz, politischen Unannehmlichkeiten usw. Plötzlich merken wir, dass es noch ganz andere Normen und Leitfäden gibt, mit denen wir unseren Alltag beurteilen können. Der Innenraum wird so zur kleinen Oase. Dazu ein Beispiel:

Inge, eine 32-jährige Frau ist seit sechs Jahren verheiratet. Sie hat eine fünfjährige Tochter, die in den Kindergarten geht. Seit einem Jahr lebt sie in Trennung, nachdem die Alkoholprobleme des Ehemannes für sie unerträglich wurden. Seit sie mit ihrer Tochter ausgezogen ist, macht der Ehemann ihr das Leben zur Hölle. Er bezahlt die Alimente zu spät oder gar nicht, hält sich nicht an die Vereinbarungen und macht sie im Freundeskreis schlecht. Zudem schickt er ihr täglich bis zu 20 SMS oder E-Mails, ruft sie an und beschimpft sie, beschuldigt oder demütigt sie. In ihrer Verzweiflung sucht sie einen Therapeuten auf. Zusammen mit praktischer Hilfe und strategischer Unterstützung ist während der Sitzungen die Selbstregulation der Gefühle ein wiederkehrendes Thema. Zur Entspannung und zur Stressreduktion führt sie nun mehrfach pro Tag die hier beschriebene Gefühlsübung aus. Nach vier Monaten berichtet sie ihrem Therapeuten, dass sie den Psychoterror des Ehemannes ganz anders wahrnimmt, wenn es ihr gelingt, bei sich zu sein und mit ihren eigenen Gefühlen in Kontakt zu bleiben. Von der Innenperspektive aus kann sie manchmal sogar mit einer gewissen Gelassenheit auf sein Verhalten blicken. Zudem glaubt sie, sich mit der Übung auch besser vor seinen Angriffen schützen zu können.

12

Die Vermischung von Gefühlen und Situationen

Im Folgenden werden wir uns mit einer wichtigen Differenzierung befassen. Dazu zuerst ein Beispiel:

Peter kommt gut gelaunt in die wöchentliche Teamsitzung. Er hat sich auf das heutige Meeting gut vorbereitet, weil das Projekt zur Sprache kommen soll, an dem er arbeitet. Unterlagen, Laptop – alles ist bereit. Er unterhält sich entspannt mit seinem Tischnachbarn. Kaum hat der Abteilungsleiter die Anwesenden begrüßt, ergreift ein neuer Kollege, der erst seit einem Monat in der Firma tätig ist, das Wort. Er berichtet über ein kleines Détail von Peters Projekt und kritisiert ihn dabei öffentlich. Peter ist auf die unerwartete Attacke nicht vorbereitet und bemerkt, wie Wut in ihm hochsteigt. Sein Puls schnellt hoch, und er bekommt einen heißen Kopf. Er bemerkt, wie sich seine Schultermuskulatur verspannt, wie sich Arme und Handmuskeln anspannen und die Beine sich gewissermaßen zum Sprung vorbereiten. Er sieht, wie die Assistentin die Bemerkung des Kollegen protokolliert. Dies macht ihn noch wütender. Auch die anderen Kollegen sind empört, so glaubt er festzustellen, sie schauen ihn erstaunt an. Peter würde am liebsten dem Aggressor an die Gurgel springen. Dann fällt ihm die Übung ein. Er könnte dies jetzt einmal ausprobieren. Er fragt sich „Wie geht es mir jetzt?" Die Frage ist leicht zu beantworten. Er spürt eine unheimliche Wut in sich. Seine Wut nimmt er auch körperlich wahr, das Herzklopfen, die Hitze im Kopf und die Muskelanspannung in Armen und Beinen. Er versucht, seiner Wut zuzustimmen. Doch dies gelingt ihm nicht. Wie kann er einer solchen Unverschämtheit zustimmen? Wie kann er zu einer derartigen Frechheit „ja" sagen? Wie kann er einwilligen, dass dieser Grünschnabel versucht, ihn bloßzustellen? Der Zorn wird noch stärker, er zittert innerlich vor Wut.

An dieser Stelle unterbrechen wir die Beschreibung dieses Vorfalls. Welchen Fehler hat Peter hier gemacht? Peter versuchte nicht, seinen Gefühlen, seiner Wut zuzustimmen, sondern der Situation. Dieser Unterschied ist von wesentlicher Bedeutung. Die Situation kann in diesem Fall natürlich nicht goutiert werden. Es ist auch ganz wichtig, das deutlich erkennbar zu machen und die Grenze unmissverständlich aufzuzeigen. Doch im jetzigen Gefühlszustand des Zorns könnte das schwierig werden. Wahrscheinlich wird Peter große Mühe haben, sich adäquat auszudrücken. Seine große Wut könnte seine Wortwahl stark beeinflussen. Es ist also von grundsätzlicher Bedeutung, sich des Unterschieds zwischen dem Gefühl und der Situation, die das Gefühl ausgelöst hat, im Klaren zu sein. Er soll nicht bejahen, dass der neue Kollege ihn provoziert hat, und er soll nicht der Situation zustimmen, sondern dem dadurch entstandenen Gefühl.

Schauen wir, was geschieht, wenn er dem Gefühl zustimmt. Gehen wir nochmals zurück zu dem Moment, als Peter sich seiner Wut bewusst wurde. Ich empfinde eine starke Wut und das ist o.k. Ich stimme dieser jetzigen Wut zu, sagt er innerlich zu sich. Er wird dann bemerken, dass die unangenehmen Gefühle in der Stärke abnehmen und ein Ausmaß annehmen, das noch erträglich ist. Peter bemerkt, wie der Zorn nachlässt, der Puls wieder abfällt und die Muskeln sich entspannen.

Sobald Peter der Wut zustimmt, schaut er sie innerlich an, nimmt sie wahr und öffnet sich für ihre Botschaft. Wird die Botschaft gesehen, wird die Wut weniger und zieht sich zurück. Dies spürt Peter leiblich, indem er bemerkt, wie die Wut abnimmt. Die Wut ist natürlich noch da, sie hat ihre Aufgabe noch nicht erfüllt. Peter muss jetzt dem Angreifer auf eine effiziente Weise die Leviten lesen. Peter ist erstaunt, wie ihm dies jetzt gelingt. Bestimmt und mit Nachdruck macht er die Anwesenden auf den „faux-pas" des Kollegen aufmerksam und vermittelt unverhohlen, dass er diese Umgangsform nicht akzeptiert. Nicht nur er ist über seine eigene Abgeklärtheit überrascht, auch die anderen Kollegen staunen über seine Gefasstheit. Hatten Sie bis dahin den Eindruck, er wechsle völlig unberechenbar von „Duckmaus" zum aufbrausenden „Löwen", so zeigt er sich jetzt gelassen und souverän.

Das Konfliktverhalten, Angriffe mit Gegenangriffen zu erwidern, das Peter in schwierigen Situationen hervorholt und oft unbewusst anwendet, hat er schon als Kind gelernt. In seiner Herkunftsfamilie war die einzig gelebte Reaktion die Gegenoffensive. Wenn sein Vater oder seine Mutter verletzt, beleidigt, provoziert oder angegriffen wurden, reagierten sie mit einem Gegenangriff. Es wurden Giftpfeile abgeschossen, es wurde gebrüllt und geschimpft und mit unschönen Waffen gekämpft. Die gesunde Aggression und die gesunde Wut, die nötig sind, um sich wehren zu können, wurden an eine überproportionale, nicht verhältnismässige Reaktion gekoppelt. Wut und unangebrachtes Kontern wurden miteinander verknüpft. Seit die gesunden Wutgefühle mit aufbrausenden Zornausbrüchen verkuppelt waren, fürchtete Peter die eigene Wut. Wut führte zu unkontrolliertem Verhalten, das meistens einen irrreparablen Scherbenhaufen hinterließ.

Als Peter die Gefühlsübung noch nicht kannte, reagierte er auf eine Provokation völlig unberechenbar. Es war natürlich nicht das erste Mal, dass sich jemand kritisch über seine Arbeit äußerte, und es war auch nicht das erste Mal, dass diese Kritik auf eine undiplomatische, wenig konstruktive Art vorgetragen wurde. Bis dahin gab es für ihn nur zwei Möglichkeiten, mit seiner aufkommenden Wut umzugehen. Meistens versuchte er seine an sich ja berechtigte Wut zu unterdrücken. Dabei musste er all seine Energie mobilisieren, um seine Abwehrmechanismen aktivieren zu können. Fast immer führte dies dazu, dass er von der Sitzung inhaltlich kaum noch etwas mitbekam, und vereinzelt kam es kurz vor Sitzungsschluss doch noch zu einem Wutausbruch. Es brauchte manchmal Tage bis Wochen, den angerichteten Schaden wieder zu beseitigen.

In diesem Beispiel stoßen wir auf wichtige Zusammenhänge. Einerseits werden viele Reaktionen in unserer Kindheit unwissentlich an bestimmte Gefühle gekoppelt, die wir nur selten in Frage stellen. Andererseits führt es zu einer Entkopplung, wenn wir dem Gefühl zustimmen. Können wir dem Gefühl, wie im Beispiel von Peters Wut beschrieben, zustimmen, wird das Gefühl von der erlernten Reaktion darauf getrennt. Jahrzehnte alte Verhaltensmuster können so aufgelöst werden. Dadurch bekommen wir unerwartet eine große Palette an neuen Verhaltensmöglichkeiten zur Verfügung. Nachdem Peter seine hochgestiegene Wut bejahen konnte, hatte er plötzlich eine große Anzahl Reaktionsalternativen zur Auswahl. Er hätte jetzt den Kollegen nach der Sitzung um ein Gespräch bitten können, ihm ein E-Mail schreiben, sich beim Chef beschweren, seine Worte ignorieren, über ihn lästern können und so weiter und so fort. Peter entschloss sich, sofort zu reagieren. Dies tat er, ohne den Kollegen anzugreifen, ohne ihn zu verletzen, ohne nur einen einzigen Giftpfeil abzuschießen. Das war ganz neu, und er war richtig stolz auf sich. Als er die Freude wahrnahm, ein Lächeln auf seinem Gesicht verspürte und in der Vorstellung ein kleinen Freudentanz machen wollte, stimmte er seiner Freude zu. Früher hätte er die Vorstellung eines

Freudentanzes lächerlich gefunden und sich sogar für die Idee geschämt. Nach der Sitzung hüpfte er ganz kurz durch sein Arbeitszimmer und schaute verschmitzt, ob ihn niemand dabei beobachtete.

13

Wenn ich nicht jedem Gefühl zustimmen kann

Es gibt Situationen, da haben wir Mühe, das gegenwärtige Gefühl anzuerkennen. Es gibt mehrere Gründe dafür:

- Ein Grund kann sein, dass wir zwar das Gefühl sehen, uns jedoch in diesem Moment nicht in unserem Innenraum befinden. Wir halten uns außerhalb unserer Gefühlswelt auf und blicken von außen auf das Gefühl, zum Beispiel auf Trauer (siehe Abbildung 4).

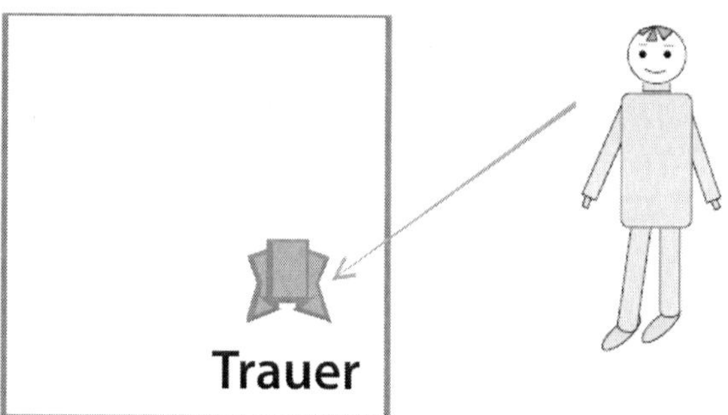

Abbildung 4: Eine Person schaut von außen (Metaposition) auf ein eigenes Gefühl.

Der Kopf analysiert die Situation, kommentiert sie und überlegt, warum dieses Gefühl nicht gebilligt werden kann. Für einen einfühlsamen Mitmenschen klingt die Ablehnung des Gefühls oft als konstruiert und künstlich. Des öfteren verlieren wir uns nachfolgend in Gedankengänge, die uns immer mehr vom authentischen Gefühl entfernen. Wir haben diese Situation schon beim Unterschied zwischen Akzeptieren und Zustimmen besprochen und haben gesehen, dass ein aufrechtes Zustimmen uns direkt in unsere Innenwelt zurückführt.

- In einer zweiten Konstellation, in der dem aktuellen Gefühl nicht zugestimmt werden kann, wird das Gefühl unbewusst als fremd und uns nicht zugehörig identifiziert. In diesem Fall müssen wir trotz berechtigter Ablehnung der Gefühlsregung versuchen hinzuschauen. Erst ein präzises Hinschauen ermöglicht die Differenzierung zwischen Eigenem und Fremdem. Dazu ein Beispiel:

Alexandra war mit einem alkoholabhängigen Mann verheiratet. Erst als es öfters zu gewalttätigen Eskalationen kam, trennte sie sich von ihm. Zwei Jahre später heiratete sie einen verschuldeten Mann. Sie verschenkte ihr ganzes Vermögen an ihn. Jetzt ist sie in einer neuen Beziehung. Ihr gegenwärtiger Partner ist ein liebenswürdiger Mensch, der an einen Rollstuhl gebunden oft auf Alexandras Hilfe angewiesen ist. Für Alexandra ist es ganz selbstverständlich, Schwächeren zu helfen und sich aufzuopfern. Erst, als eine gute Freundin sie auf dieses Aufopferungsmuster aufmerksam macht, beschäftigt sie sich mit diesem Thema. Alexandras Mutter war elf Jahre alt, als ihre Mutter (Alexandras Großmutter) an Krebs erkrankte und im gleichen Jahr verstarb. Von nun an musste sie sich um ihre drei jüngeren Brüder (neun, sieben und fünf Jahre) kümmern. Ihre Fürsorge für die kleineren Geschwister war für sie selbstverständlich. Alexandra vermutete, sie könnte den Aufopferungswillen ihrer Mutter unbewusst übernommen haben. In ihrer Vorstellung versuchte sie, das fremde, ihrer Mutter zugehörige Gefühl und das fremde Beziehungsbild an ihre Mutter zurückzugeben. Danach bemerkt sie eine neue Freiheit. Die Hilfe, die sie von nun an ihrem Partner schenkt, ist eine Äußerung ihrer Liebe und nicht mehr ein automatischer Ablauf eines unbewusst übernommenen Musters.

Wenn wir die Körperempfindungen zulassen und versuchen, diese bewusst zu registrieren, sind wir imstande, die Unterscheidung zwischen fremd und eigen zu treffen. Wir versuchen die gegenwärtige Anwesenheit des fremden Gefühls in unserer Innenwelt anzuerkennen und wissen dabei, dass uns die Zuordnung des fremden Gefühls zum Handeln auffordern könnte. Anschließend können wir uns zurückbesinnen und den früheren Gefühlsbesitzer ausfindig machen. Meistens trifft diese Erinnerung gleichzeitig mit der Fremderkennung in unser Bewusstsein. Es sind nur selten weitere innere Recherchen notwendig.

- Vermischt sich ein aktuelles Gefühl mit einem alten fremden Gefühl und werden beispielsweise zwei Ängste primär als eine Angst wahrgenommen, kann diese Angstmischung bis zur Erkennung der beiden separaten Gefühle auch abgelehnt werden. Wenn das *alte fremde* Gefühl erkannt wird, zeigt sich zugleich auch das jetzige eigene. Bereits die Trennung der zwei ähnlichen, sich überlagernden Emotionen kann zu einer spürbaren Erleichterung führen. Das Fremde wird dem früheren Eigentümer zurückgegeben, und dem Eigenen können wir einen neuen besseren Platz zuordnen.
- Außerdem können sich auch *alte eigene* und neue eigene Gefühle zu einer Einheit zusammentun. Auch hier kann es zu einer Verweigerung der Zustimmung kommen. Wir möchten dem alten, nicht zur gegenwärtigen Situation passenden Gefühl, nicht zustimmen. Es steht uns im Wege und hindert uns daran, die jetzigen zweckdienlichen Gefühle zu lesen und zu verstehen. Sobald wir bemerkt haben, dass sich das alte Gefühl in der jetzigen Sachlage aufdrängen will, können wir es hinter uns lassen und der Vergangenheit zuordnen. Wenn uns dies gelingt, können wir sowohl dem neuen sinnreichen wie auch dem alten damaligen Gefühl zustimmen. Beide gehören zu uns. Zur Illustration ein Beispiel:

Fabiola berichtete in der Therapiesitzung über eine starke Angst vor dem Zahnarzt. Am nächsten Tag stand ein Zahnarztbesuch bevor, eine Wurzelbehandlung war vorgesehen. Obwohl sie wusste, dass der zahnärztliche Eingriff schmerzfrei sein würde, litt sie schon seit zwei Tagen unter schlaflosen Nächten. In der Therapiestunde schaute sie mit Hilfe des Therapeuten ihre Angst genau an. Als sie die Angst zuließ, tauchten unerwartet alte, vergessene Bilder von einem früheren Zahnarztbesuch auf. Sie war etwa acht Jahre alt, als sie beim Zahnarzt, von Schmerzen geplagt, aus dem Behandlungsstuhl sprang und wegrannte. Der Arzt verfolgte sie, packte sie beim Kragen und zwang sie, erneut Platz zunehmen. Diese misslungene Flucht kommt einem erlebten Trauma gleich. Das Trauma hatte sie über all die Jahre verkannt. Während der Therapiesitzung versuchte sie, dieser alten Erfahrung mit den dazugehörenden Gefühlen in ihrer Innenwelt irgendwo einen neuen Platz zu geben. Die verbleibende aktuelle Angst vor dem Zahnarzt stufte sie anschließend als normal ein und nicht mehr als überdimensional. Zwei Wochen später berichtete sie, dass sie erstmals seit vielen Jahren ganz ruhig beim Zahnarzt die Behandlung über sich ergehen lassen konnte. Sie war von der eigenen mentalen Kraft überrascht und freute sich darüber.

Obwohl das alte Gefühl dazu beigetragen hat, einen Lernprozess in ähnlichen Lebenssituationen zu ermöglichen und es nach wie vor als Teil der gesamten Gefühlswelt seine Existenzberechtigung hat, ist doch das augenblickliche Gefühl für unsere innere Navigation im Jetzt meistens maßgebend.

14

Wenn die Angst mir etwas sagen will

Angst ist ein uns allen gut bekanntes Gefühl, mit dem ich hier versuchen werde, weitere Konsequenzen der immerwährenden Gefühle zu veranschaulichen. Angst ist ein Alarmzustand und tritt auf, wenn wir bedroht werden. In einer gefährlichen Situation bekommen wir Angst. Bei Angst steigt die Herzfrequenz, nimmt der Blutdruck zu, ändern sich Atmung und Muskeltonus. Durch körperlichen Veränderungen, die bei Angst eintreten, werden außergewöhnliche Kräfte mobilisiert. Sind wir in voller Alarmbereitschaft, so sind wir zu imponierenden kraftvollen Handlungen fähig. Meistens wird der Flucht- oder Kampfmodus aktiviert, der dabei hilft, uns aus der bedrohlichen Lage zu retten. Die aktuelle situationsabhängige Gefühlsregung Angst steht uns als richtungsgebende Kraft zur Seite. Auch in weniger akuten Umständen kann sich eine Angst bemerkbar machen und uns zu schnell handelnden Menschen werden lassen. Wenn zum Beispiel eine Fusion oder Übernahme unserer Firma bevorsteht und ein Stellenabbau wahrscheinlich wird, kann eine existentielle Angst spürbar werden und uns helfen, nächste wichtige Schritte einzuleiten.

Anders ist es, wenn die Angst sich in Situationen zeigt, die weder bedrohlich noch gefährlich sind. Ängste, die ohne gut nachvollziehbaren Anlass auftreten, werden auch neurotische Ängste genannt. Es gibt in der Psychiatrie eine ganze Reihe dieser – oberflächlich gesehen – sinnlosen Gefühlswallungen. Phobien sind für die meisten von uns kaum zu verstehen. Warum soll ein 1,90 Meter großer Mann vor einer Spinne Angst haben? Oder warum veranlasst eine kleine Maus die erfolgreiche, kompetente Mitarbeiterin zu einem ohrenbetäubenden Schrei?

Eine weitere Form der neurotischen Angststörung ist die Panikattacke. Aus heiterem Himmel wird die betroffene Person von intensiven Angstgefühlen überflutet. In jeder Situation kann sich von einer Sekunde zur nächsten eine Panikattacke entwickeln. Keine Strategie hilft, sich davor zu schützen.

Eine dritte Form ist die generalisierte Angststörung – ein Dauerzustand erhöhter Alarmbereitschaft. Die Person steht ständig unter Strom, spürt ein unangenehmes Vibrieren unter der Haut und macht sich pausenlos über irgendetwas Sorgen. Die Angst wird zum unerwünschten 24-Stunden-Begleiter.

Wenn wir davon ausgehen, dass uns Gefühle etwas sagen und uns eine wohltuende Richtung aufzeigen wollen, dann müssten wir auch der neurotischen Angst in die Augen schauen. Warum auch immer, wir machen meistens genau das Gegenteil. Wenn eine unerklärliche Angst auftritt, wenden wir uns ab, drehen den Kopf weg und blicken in die andere Richtung. Wir können das, wie wir bei den Abwehrmechanismen gesehen haben, auf ganz unterschiedliche Art und Weise tun. Manchmal jedoch ist die Angst so stark, dass diese Strategien nicht genügen und wir glauben, uns mit Tabletten, Alkohol oder auch Cannabis helfen zu müssen. Doch all diese Mittel verstärken nur die Vogelstraußtechnik.

Stellen Sie sich folgendes Bild vor: Sie laufen auf Ihrem Weg, der Sie durch eine friedliche Landschaft führt, und plötzlich taucht auf Ihrer rechten Seite ein Verkehrsschild auf. Es ist rund und hat einen roten Rand. In der Mitte dieser Tafel steht mit leuchtenden Buchstaben das Wort „Angst“ geschrieben. Sofort reagieren Sie körperlich. Sie spüren Ihr Herz bis zum Hals schlagen und Ihre Beine wacklig und zittrig werden. Reflexartig drehen Sie Ihren Kopf in die andere Richtung und laufen weiter. Sie haben dabei nicht bemerkt, dass mit dem Wort Angst noch etwas sichtbar war: der Text mit der Botschaft des Angstgefühls. Die Angst wollte Ihnen etwas Wesentliches, vielleicht sogar Entscheidendes mitteilen. Sie haben es jedoch versäumt, die Nachricht in Empfang zu nehmen. Wenn sich der Puls beruhigt hat und sie zum Alltag zurückgekehrt sind, taucht schon die nächste Tafel auf. Zu Ihrem Schrecken ist das Schild größer, die Buchstaben der Angst blinken ungemütlich: Doch auch jetzt wenden Sie sich blitzschnell ab und laufen am Schild vorbei. Die Entspannung tritt nicht so schnell ein, wie es das erste Mal der Fall war. Eine Unruhe macht sich breit, eine Angst vor der nächsten Tafel, eine Angst vor der Angst. So geht das weiter, bis Ihnen durch den ständig nach links gerichteten Blick eine Halsstarre das Leben vergrault.

Was würde geschehen, wenn Sie die Gefühlsübung machen würden, wenn Sie die Angst schon beim ersten Schild wahrnehmen würden? Sie wären fähig, die Botschaft zu lesen. Manchmal gelingt es Ihnen, die Anweisungen zu deuten und anschließend dementsprechend zu handeln. Ein anderes Mal kann nur Ihr Unterbewusstsein den Text entziffern und erste, unbewusste Aktionen einleiten. In beiden Fällen hat das Gefühl seine unterstützende Aufgabe wahrgenommen und muss nicht erst nach 100 Metern wieder in Erscheinung treten. Wenn wir anhalten und dem Gefühl als wohlwollende Sinngebung zustimmen, werden wir bewusst oder auch unbewusst in der vorliegenden Lebenssituation adäquat und angemessen reagieren können. Anhand dieses Beispiels wird ersichtlich, warum das Angstgefühl abnimmt und verschwindet, wenn wir der Angst zustimmen.

Bei Ängsten und Zwangsstörungen ist diese Vorgehensweise eine der effektivsten Behandlungsformen. Menschen, die über Jahre, manchmal sogar über Jahrzehnte mit ihren Ängsten vergeblich gekämpft haben, sind überrascht, wie einfach es ist, die Ängste überflüssig werden zu lassen. Sobald das Gefühl in seiner vollen Bedeutung anerkannt wird und wir uns für seine Nachricht öffnen, kann sich die Gefühlsbotschaft offenbaren. Über unseren Körper will sich das Gefühl zum Ausdruck bringen. Es sucht über den körperlichen Weg die Verbindung zum Bewusstsein und klopft so lange an die Türe, bis wir bereit sind, einen Blick auf die Angst zu riskieren.

Verschiedene Methoden der Verhaltenstherapie unterstützen die unter Ängsten leidenden Personen dabei, ihre Ängste in Augenschein zu nehmen. Manchmal erfolgt dies auf eine auffordernde Art, ein anderes Mal wird der Wechsel der Blickrichtung ganz subtil eingeleitet. Einfacher ist es, den geplagten Menschen aus der Rolle des Duldenden zu befreien, indem er aufgemuntert wird, die Angst von innen aus achtsam anzuschauen. Die Angst wird bewusst empfunden, benannt und bejaht. Dankbar nimmt sie die langersehnte Aufmerksamkeit an und zieht sich an einen ruhigeren Ort in unsere Innenwelt zurück. So bekommt das Gefühl den richtigen Platz, und die heilsame Wirkung der neuen inneren Ordnung kann als Gesundung wahrgenommen werden.

15

Gefühle sind mein Lebenskompass

Gefühle sind wie ein Kompass, der uns hilft, durch das Leben zu navigieren. Wenn wir ihm folgen, umfahren wir gefährliche Klippen und begeben uns in sichere Gewässer. Wir können uns vorstellen, dass wir der Kapitän eines großen Segelbootes sind und uns mit unserem Boot weitab im Norden des Atlantiks befinden. Wir sind umgeben von Eisbergen und müssen behutsam die risikoreichen, oft nicht sichtbaren, sich im Wasser befindenden Eisbergspitzen umsegeln. Unsere Gefühle helfen uns dabei, uns sicher fortzubewegen. Stellen Sie sich vor, wir steuern geradlinig auf einen Eisberg zu, wo nur die Eisbergspitze sichtbar ist. Unser Körper sagt uns, Achtung, Achtung! Ein unangenehmes Gefühl macht sich bemerkbar. Es will uns sagen, sofort Backbord zu steuern. Wir werfen das Ruder herum, und langsam gleiten wir erleichtert am Eisberg vorbei. Es hätte auch sein können, dass ein fröhlich winkendes Gefühl uns nach links gelenkt hätte und wir lachend am Eisberg vorbei gefahren wären und mit Freude die Schönheit der Landschaft beobachtet hätten.

Ob wir dem angenehmen oder dem unangenehmen Gefühl folgen, spielt keine Rolle. Beide führen uns sicher an den Hindernissen des Lebens vorbei und zeigen uns gleichermaßen die Schönheit des Daseins. Das bedeutet nicht, dass wir nun auf unserem Weg keinen Hindernissen begegnen werden. Es sagt aus, dass wir gefühlvoll die Hürden sicher umfahren können und dass es keine guten oder schlechten Gefühle gibt. Es gibt nur gute Gefühle. Die angenehmen wie die unangenehmen Gefühlsregungen möchten uns helfen, behütet durch das Leben zu gehen. Wenn wir den Gefühlen keine Beachtung schenken und sie ignorieren, wird es unvermeidlich immer wieder zu einer Kollision kommen. Der Aufprall wird Folgen haben und unser Boot vermutlich beschädigen. Der Verlust kann groß sein und viel Zeit kosten, bis die Reparatur ausgeführt ist und die Reise fortgesetzt werden kann.

Wenn wir auf die Signale unseres Körpers achten und auch den subtilen Körperveränderungen Aufmerksamkeit schenken, brauchen wir Momente der Stille, müssen wir innehalten und Geschwindigkeit zurücknehmen. Je öfter wir dies tun, je mehr Erfahrung wir mit der gefühlvollen Selbst- und Situationswahrnehmung haben, desto weniger Zeit benötigen wir für eine präzise Beurteilung der Lage. Ohne ausführliche Interpretation können wir die inneren Bewegungen sorgfältig einleiten. Die ersten Handlungen und die ersten Schritte können wir ebenfalls auf ihre Stimmigkeit überprüfen. Wir testen leiblich, ob unser Vorgehen ausgewogen ist. Die hierfür notwendige Geschwindigkeitsreduzierung wird uns viel Zeit und Aufwand ersparen. Dazu ein Beispiel:

Konstantin will sich einen Gebrauchtwagen kaufen. Er informiert sich gut über die Preise der für ihn in Frage kommenden Modelle und stößt im Internet auf ein sehr günstiges Angebot. Das Auto ist in einer nicht weit entfernten Garage zu besichtigen. Konstantin ruft sofort an und vereinbart noch am selben Tag einen Termin. In der Garage wird er von einem freundlichen Verkäufer begrüßt, der mit Geduld alle Fragen von Konstantin beantwortet. Konstantin schaut sich den Motor an, wirft einen Blick von unten auf die Karosserie und macht eine Probefahrt mit dem Wagen. Das Auto ist tadellos. Trotzdem verspürt er ein mulmiges Gefühl im Bauch aufkommen. Er bemerkt das Körperzeichen, auch wenn er es im Moment nicht deuten kann. Er verzichtet auf den Kauf und bedankt sich für die freundliche Bedienung. Zu Hause versucht er sein Warngefühl zu begreifen, kommt aber mit seiner Analyse nicht weiter. Trotzdem bereut er nicht, das vorteilhafte Angebot abgelehnt zu haben und den Wagen nicht gekauft zu haben. Eine Woche später erfährt er zufällig von einem Arbeitskollegen, dass dessen Nachbar genau dieses Auto gekauft hat. Zwei Tage später stand die Polizei beim Nachbar vor der Türe: Das Auto war als gestohlen gemeldet

Wenn wir unseren Gefühlen folgen, werden wir bemerken, dass die Navigation Spaß macht und uns eine nicht bekannte Sicherheit gibt. Diese innere Sicherheit wird uns auch ermöglichen, die uns umgebende Landschaft immer mehr zu genießen. Machen wir nun an dieser Stelle einen Halt. Schauen wir wieder einmal nach innen, spüren wir wieder einmal in unsere Innenwelt und folgen der inneren Regung des Körpers. Wie heilsam tönt die Stille des Körpers, wie liebevoll flüstert uns das jetzige Gefühl, unser Kompass, ganz leise ins Ohr: Süd-Süd-West.

16

Die Gefühlsskala

Jeder von uns weiß, dass die Gefühle eine ganz unterschiedliche Intensität haben können. Es gibt zum Beispiel eine milde, kaum spürbare Angst, und es gibt auch eine fast überwältigende Angst. Gefühle können von völlig unterschiedlicher Intensität sein – grob und heftig oder auch subtil und differenziert. Im nachstehenden Bild sind die Gefühle auf einer Skala von 1 bis 100 wiedergegeben:

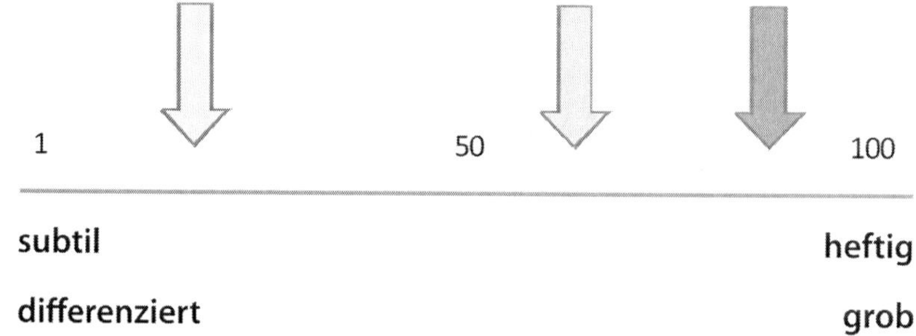

subtil heftig

differenziert grob

Abbildung 5: Gefühlsskala: Im unteren linken Bereich, werden die Gefühle subtil und differenziert wahrgenommen. Im oberen rechten Bereich sind die Gefühle heftig und grob.

Die verschiedenen Intensitätsbereiche können vielfältig wahrgenommen werden. Nimmt zum Beispiel die Angststärke langsam zu, wird die Angst bei einigen von uns auf der Skala erst auf einer Höhe von 60 wahrgenommen. Steigt sie weiter an, kann sie schon bei 70 als sehr unangenehm empfunden und bei 80 als Todesangst gedeutet werden. Es gibt Menschen, die nehmen die Gefühle generell erst ab 90 auf der Skala wahr. Sie müssen sich starken Reizen aussetzen, um überhaupt ein Gefühl spüren zu können. Öfters, ohne generalisieren zu wollen, sehen wir dies bei Personen, die sich selbst Schmerzen zufügen, die sich selbst in gefährliche Situationen bringen – wenn sie zum Beispiel mit dem Motorrad bei hoher Geschwindigkeit risikoreiche

Manöver ausführen oder auch einen Adrenalinschub provozieren, indem sie Bungee Jumping machen. Andere schauen sich Hartporno-DVD's an oder Filme mit extremen Gewaltszenen. So gelingt es ihnen zumindest, auf der Gefühlsskala bei etwa 95 noch ein Gefühl wahrzunehmen. Sie können so eine Form von Lebendigkeit empfinden und zumindest vorübergehend ihre Gefühlstaubheit unterbrechen.

Ab welcher Stärke auf der Skala nimmt der durchschnittliche Mensch seine Gefühle wahr? Diese Frage ist kaum zu beantworten. Sicher ist, dass das Geschlecht sowie auch der familiäre und kulturelle Hintergrund eine Rolle spielen. In den westlichen Ländern, vor allem bei der älteren Generation, nehmen Frauen häufig die Gefühle früher bewusst wahr als Männer. In Familien, in denen es ein Tabu ist, Gefühle zu zeigen oder über Gefühle zu sprechen, lernen Kinder die Wahrnehmungsschwelle auf der Skala nach rechts zu verschieben. Gefühlsabwehrmechanismen haben zur Folge, dass die Gefühlsregungen erst später bewusst registriert werden. Erst wenn die Gefühlsintensität ein gewisses Ausmaß erreicht hat, werden die Körpersignale dem Bewusstsein zugänglich gemacht. Es gibt auch intraindividuelle Unterschiede. Wir kennen Episoden, bei denen wir mehr „bei uns sind" und unangenehme Gefühle schon früh zur Kenntnis nehmen. Für die eigenen richtungsgebenden Gefühle ist es wünschenswert, dass wir eine sensible Wahrnehmung entwickeln. Erinnern wir uns noch einmal an das Segelboot: Je früher wir Navigationshinweise erhalten, desto sanfter können wir das Schiff um die Hindernisse steuern.

Menschen, die ihre Gefühle auf der Skala erst ab 80 oder noch höher wahrnehmen können, gelingt es oft nicht mehr, das Boot rechtzeitig zu lenken. Je höher die Gefühlswahrnehmungsschwelle ist, desto größer ist die Gefahr, auf den Eisberg aufzufahren. Personen mit einer schlechten Gefühlswahrnehmung kollidieren häufiger mit Mitmenschen oder Situationen und erleiden vermehrt Schaden. Das Risiko des Zusammenpralls nimmt zu, je mehr sich die Wahrnehmungsschwelle auf der Intensitätsskala nach rechts bewegt. Wenn wir die Alarmglocken erst bei 90 läuten hören, ist der Bremsweg des Bootes bereits zu lang, um einen Zusammenstoß zu vermeiden.

Die Achtsamkeitsübung, die in diesem Buch im Mittelpunkt steht, soll uns dazu führen, die Gefühlswahrnehmung auf der Skala nach links zu verschieben. Je öfter wir in uns hineinhorchen und unseren Körper nach seinem Befinden befragen, desto sensibler wird unsere Gefühlsrezeption.

Die Übung hilft uns, die nach innen gerichtete Antenne zu verbessern. Wir werden fähig, die Angst, die Wut oder die Trauer schon bei 30 auf der Skala oder noch früher zu erkennen. Aber nicht nur die schwierigen Gefühle erkennen wir früher, sondern auch Freude, Zuversicht, Neugier, Gelassenheit werden schon im unteren Teil der Skala präzise und differenziert registriert. Je früher wir im unteren Bereich, auf der Skala links, unsere Gefühle registrieren, desto reicher und intensiver wird unser Leben. Wir lernen, feinfühlig kleine Nuancierungen zu unterscheiden, bekommen immer mehr ein Auge für die Détails und erwerben eine neue Fähigkeit, Gefühle richtig zu lesen. Das Leben erhält zunehmend einen wunderschönen Reichtum.

Wir können es vielleicht damit vergleichen: Im oberen Skalabereich, zum Beispiel bei 80, sehen wir die Gefühle wie einen Farbfleck, wie eine monochrome grüne Fläche, die kaum zu deuten ist. Wenn wir genauer hinschauen und zum Beispiel auf der Skala bei 60 das Gefühl auf uns einwirken lassen, sehen wir, dass diese grüne Fläche eine Wiese ist. Bei 40 auf der Skala können wir vereinzelte Grashalme erkennen, und bei 30 sind wir überrascht über die Vielfalt der kleinen Pflanzen und der Blumen, die zwischen den Gräsern wachsen. Bei 20 entdecken wir Schmetterlinge und Käfer. Voll Erstaunen erfreuen wir uns über die farbige Vielfalt der Schöpfung. Der monotone Farbfleck wird zu einem lebendigen Wunder. Unser Alltag wird zum Abenteuer, unsere Innenwelt zum abwechslungsreichen farbenfrohen Ort und unsere Gefühle zu zutraulichen Lebensbegleitern.

17

Ich liebe mich und meine Gefühle

Wenn wir unsere Gefühle, ganz egal ob sie angenehm oder unangenehm sind, freundlich wohlwollend annehmen, dann sind wir lieb zu uns. Dieser Satz berührt viele Menschen. Er trifft uns im Herzen, weil wir uns klar werden, dass die Ablehnung unserer Gefühle ein liebloser Akt ist. Dieser Satz wühlt vieles auf, weil einige von uns als Kind immer wieder erlebt haben, dass die eigenen Gefühle von den Eltern nicht akzeptiert, manchmal sogar gar nicht wahrgenommen wurden. Viele Menschen realisieren plötzlich, dass sie sich als Kind nichts Sehnlicheres gewünscht haben, als einfach mit all den eigenen Gefühlen angenommen zu werden und so, wie sie sind, willkommen zu sein. Wir haben gelernt, dass unsere Gefühle, und somit auch ein wichtiger Teil von uns, nicht in Ordnung sind. Wir fühlten uns abgelehnt. Einen Teil unseres Selbst mussten wir verstecken, verneinen, zudecken, ignorieren. Wenn es uns nicht gelang, die verbotenen Gefühle zu unterdrücken, fühlten wir uns zusätzlich schuldig und schämten uns für unser Versagen. Manchmal folgte auch eine Bestrafung, und wir bekamen klar mitgeteilt, dass dieses Gefühl im Familienkreis nicht erwünscht ist. Wir wurden Zeuge, wie zwischen den Eltern, aber auch zwischen Eltern und Kindern und/oder Geschwistern Gefühle übergangen, ins Lächerliche gezogen und ausgeklammert wurden. Wir lernten, die vorgegebenen Regeln wichtiger zu finden als unsere tiefsten Empfindungen. Dieser Prozess, der unsere Ganzheit auseinanderfallen ließ, war schmerzhaft. Wir verstummten emotional, bis sich sogar in der eigenen Stille kein Gefühl mehr zu bewegen wagte. Wir mussten einen Seinsmodus entwickeln, in dem ein wesentlicher Teil unseres Selbst als hinderlich, störend und unerwünscht galt. Gelang es uns auf irgendeine Art und Weise, uns den impliziten Vorstellungen der Familie oder der Kultur anzupassen, so war die Zugehörigkeit gewährleistet.

In der deutschen Sprache finden wir diese gefühlsfeindliche Einstellung in vielen entwertenden Begriffen und Schimpfwörtern wieder: Ein Kind kann eine Mimose sein, ein Hosenkacker, ein Drückeberger, ein Jammerlappen, ein Nervenbündel, eine Heulsuse etc. Erwachsene, die Gefühle zulassen können, werden als Schwächlinge verunglimpft. Gefühle zu unterdrücken und nicht auszudrücken ist dagegen cool. Er hat sich im Griff, er reagiert souverän, er lässt sich nicht einschüchtern, er ist mutig und die Ruhe selbst. All diese Ausdrücke und Sätze sind positiv konnotiert. Wir lernen sie als erstrebenswerte Haltung zu verstehen und versuchen gleich eloquent, unsere Gefühle zu kontrollieren. Wenn wir achtsam sind, können wir die Gefühle auch kontrollieren. Aber nicht, indem wir sie verdrängen oder unterdrücken, sondern indem wir sie anschauen, achten, ihnen zustimmen und einen guten Platz für sie finden. Das kann auch zu einer Form von Gelassenheit führen, die sich durch Respekt, Würde und Reife auszeichnet. Das Glück der wieder gefundenen Gefühle beginnt, unser Leben aufs Neue zu erhellen. Die Frage, wie geht es mir jetzt, ermöglicht die in der Kindheit erworbene Gefühlsblindheit zu heilen. Zur liebevollen Gefühlszuwendung hier ein Beispiel:

Yvonne ist ein sechsjähriges Mädchen. Sie liebt es, auf dem nahegelegenen Spielplatz Fahrrad zu fahren. Heute geht sie mit der neuen Hose Fahrrad fahren und vergisst, den Helm anzuziehen. Sie fährt kreuz und quer über den Platz und freut sich über ihre Geschicklichkeit. Bis Monique, das Nachbarmädchen, kommt und sie mit Absicht stößt. Yvonne fällt vom Fahrrad auf ihre Knie, die Hose ist zerrissen, das Knie blutet. Yvonne rennt weinend nach Hause. Ihre Mutter hört sie von Weitem und wartet, bis ihre Tochter zu Hause ist. Sie sieht die nur zwei Tage alte kaputte Hose und beginnt zu schimpfen. Sie wirft ihrer kleinen Tochter vor, dumm zu sein, und droht ihr, ihr nie mehr eine solch teure Hose zu kaufen. Yvonne ist verzweifelt, weint noch lauter, weiß gar nicht, wo sie jetzt Unterstützung finden könnte, die sie so nötig bräuchte.

Schauen wir das kleine Mädchen an: Wie geht es ihr, welche Gefühle bewegen das arme Kind? Yvonne hat Schmerzen am Knie, es blutet und Blut hat für sie etwas Bedrohliches. Gleichzeitig spürt sie eine Angst, sie befürchtet, ihre Mutter könnte wegen der zerissenen Hose wütend auf sie sein. Sie hofft trotzdem, dass ihre Mutter vielleicht anders reagieren wird. Sie nimmt auch ihre Wut wahr, eine Wut auf das Nachbarmädchen, das sie umgestossen hat. Es war schon das zweite Mal innerhalb kurzer Zeit, dass Monique ihr etwas angetan hat.

Zudem ist sie auch traurig, weil ihre neue Hose beschädigt ist. Sie hatte so

große Freude verspürt, als sie das Kleidungsstück von ihrer Mutter geschenkt bekam. Sie hofft auch, dass ihre Mutter sie in die Arme nimmt und tröstet. Die Mutter jedoch nimmt ihre Tochter nicht wahr, sieht ihren Schmerz nicht, ignoriert die Trauer, die Enttäuschung, die Wut und die Angst des kleinen Mädchens. Sie kann die Wünsche ihrer Tochter nicht in ihren Augen lesen. Sie ignoriert die Empfindungen ihres Kindes, sie denkt nur an die kaputte Hose und an das ausgegebene Geld.
Wie würde die Mutter reagieren, wenn sie ihr Kind liebevoll anschauen würde? Dies könnte zum Beispiel so aussehen:
Sie hört das Weinen des Kindes und geht ihm entgegen. Sie nimmt die Tochter in die Arme, streichelt ihr über den Kopf, lässt sie weinen, auch wenn dies länger dauert, und wartet, bis sie mit Weinen aufhört. Sie fragt einfühlsam, was denn geschehen sei. Nachdem Yvonne ihr erzählt hat, was passiert ist, schaut sie das Knie an, reinigt vorsichtig die Wunde, legt ein Pflaster darauf und küsst vielleicht fürsorglich die Wunde. Dann sagt sie: „Mach dir keine Sorgen, ich kaufe dir wieder eine neue Hose, wenn du willst, genau dieselbe". Yvonne strahlt, ist erleichtert. Die Mutter sagt zu ihrer Tochter: „So, und jetzt gehen wir zusammen zu Monique. Ich werde ihr sagen, dass sie dich nicht mehr stupsen darf." Yvonne spürt die Kraft ihrer Mutter und läuft entschlossen mit ihr mit. Am selben Abend weist die Mama Yvonne noch einmal daraufhin, eine alte Hose beim Fahrradfahren anzuziehen. Yvonne nickt, sie hat es verstanden.

Wenn wir unsere Gefühle wahrnehmen, wie diese Mutter die Gefühle ihrer Tochter wahrgenommen hat, sind wir so liebevoll zu uns, wie sie zu ihrem Kind. Wenn wir uns so verhalten, erfahren unsere Kinder schon ganz jung, dass sie ihre Gefühle ernst nehmen dürfen. Sie dürfen schon als kleine Kinder erleben, wie schön es ist, wenn Gefühle anerkannt und gutgeheißen werden. Wir Erwachsene dürfen das nun auch tun. Jedes Mal, wenn wir uns fragen, „wie geht es mir jetzt?", und unseren Gefühlen nicht urteilend zustimmen, sind wir ganz lieb zu uns. Die Liebe zu uns darf von jetzt an wachsen. Wir dürfen uns über ihre Entfaltung freuen.

18

Alte und neue Gefühle

Wie wir gesehen haben, können uns alte Gefühle ein Leben lang begleiten. Sie sind irgendwann entstanden, haben einen Platz in unserer Innenwelt gefunden und tauchen manchmal unerwartet aus der Vergessenheit wieder auf. Wir können sie oft bewusst abrufen, uns mit ihnen leiblich in Verbindung setzen und sie pflegen und hegen. Wenn Gefühle kommen und bleiben, bedeutet dies, dass immerzu neue situationsbedingte Gefühle dazukommen.

Wenden wir uns nun diesen neuen aktuellen Gefühlen zu: Sie reagieren auf unsere Innenwelt, auf die Grenzregion zwischen innen und außen und auf unsere unmittelbare Umgebung. Die Gefühle helfen uns, die innere und äußere Situation richtig wahrzunehmen und auf die Gegebenheiten angemessen zu reagieren. Die gegenwärtigen Gefühle sind eine Antwort auf die jetzigen Seinskonstellationen und sind im Einklang mit ihnen. Gefühle, die sich heranbilden, sind eine Reaktion auf die Triade innere Welt, psychische Grenze und direkte Umwelt. Die Regungen sind eine Wahrnehmungsäußerung, sie sind ein körperlich symbolisiertes Abbild der situativen Beziehung zwischen dem psychischen Innenraum, unserer Grenze und dem unmittelbaren Umfeld. Die Gefühle werden im Leib und Innenraum generiert und können nur dort im Jetzt empfunden und erfasst werden. Es sind diese hoch präzisen Situations- bzw. Konstellationsabbildungen, die unsere Kompassnadel bewegen und eine innere und äußere Navigation ermöglichen.

Wenn wir die Gefühle genau anschauen, können wir zwischen alten und momentanen Gefühlen unterscheiden. Dies ist wichtig, weil alte und gegenwärtige Gefühle unterschiedliche Funktionen haben. Die Aufgabe der momentanen Gefühle liegt hauptsächlich im sofortigen navigierenden Bereich. Wie wir mit der Schiffsmetapher gesehen haben, geben die situativen Gefühle direkte Anweisungen für die Fahrtrichtung und die Geschwindigkeit unseres Schiffes. Nicht immer merken wir, ob ein Gefühl die gegenwärtige Sachlage betrifft oder ob das Gefühl älteren Datums ist. Wenn wir richtig hinschauen, sind wir jedoch meistens imstande, die Gefühle zeitlich einzuordnen. Das folgende Beispiel mag dies illustrieren:

Marta ist eine 42-jährige Frau, die wegen einer depressiven Episode eine Psychotherapie beginnt. Sie geht alle zwei Wochen zu ihrem Therapeuten. In der fünften Sitzung beginnt Marta sofort laut zu weinen. Ihr Hund Charly ist vor zwei Tagen gestorben. Zwölf Jahre hat sie als alleinstehende Frau mit ihrem Haustier zusammengelebt. Sie schluchzt und hört kaum auf zu weinen. Der Therapeut spürt auf Anhieb, dass sich etwas Altes mit dem Neuen vermischt. Nachdem ihre Stimme wieder fester klingt, fragt er sie, wie alt ihre Tränen seien. Zuerst versteht sie die Frage nicht, dann begreift sie plötzlich, was ihr Arzt damit meint:
„Ich glaube, viele Jahre alt", antwortet sie.
„Fragen Sie einmal Ihren Bauch, welches Alter ihr Schmerz genau hat".
„37 Jahre", sagt sie und bekommt wieder feuchte Augen.
„37 Jahre ist das Alter der Tränen", wiederholt der Psychotherapeut ihre Worte.
„Ja, sagt sie, ja, als ich fünf Jahre alt war, trennten sich meine Eltern. Als mein Vater uns verließ, war dies sehr schmerzhaft für mich". Sie weint und wischt sich ihre Tränen von den Wangen.
„Wie lange habe ich diesen Herzschmerz verdrängt, so lange bis Charly sterben musste, um mich daran zu erinnern".

Wir sehen an diesem Beispiel, wie sich plötzlich zwei ähnliche Gefühle vermischen und erst entwirrt werden können, wenn wir uns trauen, genau hinzusehen. Auch zeigt sich, vor allem wenn wir damit vertraut sind, dass alte und neue Gefühle auch durch Dritte unterschieden werden können. Der Therapeut war sich fast sicher, dass ihr Weinen etwas Kindliches hatte. Seine Überprüfung bestätigte den Verdacht. Als Marta ihre gegenwärtigen neuen Gefühle von den alten Gefühlen trennen konnte, wurde ihr Schmerz über den Tod von Charly erträglicher. In der Therapie konnte sie die Trennung der Eltern und vor allem den Wegzug des Vaters aus dem elterlichen Haus aufarbeiten. Marta lernte nicht nur, zwei ähnliche Gefühle auseinander zu halten, sondern eignete sich auch einen ganz neuen Umgang mit ihrer Innenwelt inklusive ihren Gefühlen an.

Wenn die situativen Gefühle beim Navigieren eine wichtige Rolle spielen – welche Funktion haben dann die alten Gefühle? Warum ist es sinnvoll, dass Gefühle in unserem psychisch-seelischen Raum über viele Jahre aufbewahrt bleiben? Wie wir zu Beginn dieses Buches gelesen haben, befinden sich in unserer Innenwelt neben den Gefühlen auch unsere Bilder, Erfahrungen, Ansichten, Aufgaben und unsere Verantwortung. Diese sechs Elemente sind alle miteinander verbunden und beeinflussen sich gegenseitig. Die alten Gefühle helfen diesen Bausteinen des Selbst, sich miteinander in Beziehung zu setzen, zu verknüpfen und zu verbinden. Die Gefühle leisten einerseits Hilfe, die Komponenten unseres Selbst zusammenzuhalten, und andererseits auch, sie zu zerlegen. Die Kopplung von Gefühlen an Erfahrungen beeinflusst die Art und Weise, wie die Erfahrungen in unserem Leben integriert werden. Angenehme Gefühle motivieren uns, erfolgreiches Verhalten zu wiederholen, sie fördern positive Lernprozesse. Unangenehme Gefühle verhindern es, negative Erfahrungen zu wiederholen. Wie wir uns in einer Situation verhalten, hängt sehr davon ab, welche Erfahrungen und Ansichten mit welchen Gefühlen verknüpft sind. Es kann besonders aufschlussreich sein, diese Verknüpfungen präzise anzuschauen.

In der Verhaltenstherapie wird die Auflösung solcher Verknüpfungen gezielt eingesetzt. Unser Verhalten wird häufig von unbewussten, alten Gefühlen bestimmt. Die Identifizierung und Annahme unserer Gefühle als Teil unseres momentanen Ichs versetzt uns in die Lage, unbewusste Verknüpfungen an die Oberfläche zu bringen. Werden diese Gefühlsverbindungen ersichtlich, bietet sich uns die Gelegenheit, bewusst dazwischenzutreten und jahrealte Verhaltensmuster aufzulösen.

Wenn die automatische emotionale Verarbeitung einer Situation entweder nicht ausreicht oder nicht schnell genug vorangeht, um adäquat auf die Lage reagieren zu können, ist es möglich, dass alte Gefühle als Arbeitsgedächtnis aushelfen. Die im Innenraum gespeicherten, in einer ähnlichen Situation entstandenen alten Gefühle können eine Reaktion beschleunigen. Der Zeitgewinn kann manchmal von entscheidender Bedeutung sein. Oft ist es gar nicht notwendig, sich unsere Gefühle bewusst zu machen. Es reicht völlig aus, unser Handeln auf gespeicherte Gefühle zu stützen. Erst, wenn eine Panne auftritt oder die stereotype Handlungsweise sich als unproduktiv oder sogar destruktiv erweist, können wir die bewussten Gefühlswahrnehmungen zu Hilfe nehmen.

Gefühle helfen uns zu entscheiden, ob wir uns zu etwas hinbewegen oder uns davon entfernen sollen. Alte Gefühle, die an eine Erfahrung gekoppelt sind, die früher zu einer Belohnung geführt hat, können uns, ohne dass wir sie bewusst empfinden, eine erneute Hinbewegung vereinfachen.

Alte Gefühle können somit Entscheidungswege verkürzen. Alte Empfindungen können ähnlich sein wie die aktuellen, sie können aber auch völlig anders sein und können sich zu einer ganz neuen Mischung von Alt und Neu zusammenfügen. Unbewusste Gefühle werden weder von außerhalb rational analytisch wahrgenommen, noch vom Innenraum her wissentlich empfunden.

Würden sich gegenwärtige Gefühle, nachdem sie manifest geworden sind, in Nichts auflösen, wenn sie kommen und gehen, dann würde unser Innenraum, unsere Innenwelt eine gähnende, emotionslose Leere sein. Alte Gefühle sind ein Teil unseres inneren Reichtums und leisten einen wesentlichen Beitrag zu unserer psychisch-seelischen Identität. Das ganze psychische System würde zusammenbrechen, wenn die alten Gefühle die Innenwelt nicht zusammenkitten würden. Alte Gefühle tragen dazu bei, dass wir das sind, was wir sind. Wenn wir unsere alten Gefühle wahrnehmen und als uns zugehörig einbeziehen, entsteht ein wohltuendes Verständnis für unsere innere Ganzheit.

Das Ordnen der alten Gefühle, die Zuweisung in unsere Innenwelt ist vergleichbar mit dem Prozess des Komponierens. Musiknoten erhalten einen Platz, eine Reihenfolge und einen Rhythmus. Sie werden zu einem Musikstück zusammengefügt, das unsere ganz eigene Handschrift trägt. Durch Verschieben der Noten können wir Dissonanzen zum Verschwinden bringen. Wir können, dank dem neuen Zuordnen der alten Gefühle, unsere Lieblingsmusik zum Klingen bringen. Die alten Gefühle machen uns zu dem, was wir sind, und wenn wir sie wunschgemäss neu zuordnen, zu dem, was wir sein wollen.

Alte Gefühle haben eine zeitliche Abfolge, eine Chronologie. Sie ermöglichen einen zeitlichen Kontext, sie bringen eine Entwicklung von autobiografischen Daten zustande. Sie führen dazu, dass wir unsere Identität begreifen, und sorgen für einen geschichtlichen Zusammenhang. Einzelne gefühlsreiche Momente und Erfahrungen reihen sich zu einer persönlichen Lebenskette aneinander.

Alte Gefühle vegetieren nicht passiv vor sich hin, bis sie zufällig oder gezielt ins Blickfeld geraten, sondern sind wandelbar und entwicklungsfähig. Sie können sich ausdehnen und eine unangenehme Größe erreichen oder sie können wachsen und eine hilfreiche Stärke entwickeln. Obwohl wir ihnen aktiv einen neuen Platz geben und ihr Wachstum fördern oder hemmen können, sind sie nicht unbeschränkt beeinflussbar. Das Wissen, dass wir einigermaßen Einfluss auf die alten Gefühle nehmen können, macht uns zu aktiv schöpferischen und verantwortungsvollen Lebewesen.

Der Tatbestand, dass es uns trotz und auch dank unserer alten Gefühle gelungen ist, viele schwierige Situationen zu überleben, kann auch eine Form der Dankbarkeit erzeugen. Also: Nicht nur den gegenwärtigen, situativen Gefühlen dürfen wir für ihre hilfreich navigierenden Hinweise danken, sondern wir schulden auch den alten Gefühlen Dank.

19

Gefühle zeigen

Im vorherigen Kapitel haben wir uns mit dem Bewusstwerden, dem Identifizieren und dem Annehmen der eigenen Gefühle auseinandergesetzt. Wenn wir unsere Gefühle genau anschauen, können wir die Hinweise, die uns die Gefühle geben möchten, verstehen lernen. Die alten Gefühle können wir zeitlich einordnen, sie erzählen unsere Lebensgeschichte und helfen uns, eine Identität aufzubauen. Wir haben auch festgestellt, dass uns ein genaues Hinsehen hilft, zwischen eigenen und fremden Gefühlen zu unterscheiden.

In diesem Kapitel wenden wir uns einem neuen Thema zu. Wir werden nun der Frage nachgehen, wie wir unseren Mitmenschen unsere Gefühle mitteilen bzw. zeigen können. Diese Frage klingt einfacher, als sie in Wirklichkeit ist. Wie wir sehen werden, gibt es auch hier ganz unterschiedliche Dynamiken. Mit der Raummetapher, die darstellt, wo die Gefühle in der Innenwelt ihr Dasein fristen, können wir diese verschiedenen Formen der Gefühle zeigen und gut verständlich darstellen.

Das Zeigen der Gefühle ist eine Gefühlsbewegung, die von einem Gefühlsbesitzer ausgeht. Der Gefühlsbesitzer macht für einen Mitmenschen ein Gefühl sichtbar. Die verschiedenen Erscheinungsweisen bedienen sich alle der Mimik, der Körperhaltung, der Körperbewegung, der Sprache und der Schrift. Bei der Sprache unterscheiden wir die Tonhöhe, das Timbre, die Geschwindigkeit, den Rhythmus und die Betonung und – schlussendlich, und dies wird oft überbewertet – auch den Sprachinhalt. Der Sprachinhalt ist meistens der vermeintlich bewusste Teil. Auch hier, wie zum Beispiel bei den freudianischen Versprechern, wird zusätzlich einiges unbewusst weitergeleitet. Mimik, Körperhaltung und Sprechweise sind kaum alle gleichzeitig kontrollierbar und sind deswegen ein gutes Medium für eine unbewusste Gefühlsvermittlung. Das bedeutet, dass wir andauernd Gefühle sichtbar machen, ohne dass wir uns bewusst sind, wie wir das praktizieren, und ohne dass wir uns über die gezeigten Gefühle im Klaren sind.

Wenn wir uns die Frage stellen: „Wie geht es mir jetzt?", dann wird zumindest deutlich, welche Gefühle wir in diesem Moment durch unseren Körper oder unsere Sprache eventuell dem Gegenüber vermitteln. In diesem Augenblick wird, wie wir nachstehend sehen werden, die Art und Weise des Zeigens von Gefühlen beeinflussbar. Ein Beispiel: Stellen Sie sich vor, Sie sind auf dem Weg nach Hause und werden Zeuge eines Verkehrsunfalls. Zum Glück hat es keine Verletzten gegeben. Trotzdem hat der Unfall Sie sehr bewegt. Sie spürten einen Schrecken und Sorge um den Autolenker, sie fragten sich, wie Sie helfen könnten usw. Wie erzählen Sie diesen Vorfall ihrem Partner? Kaum haben Sie begonnen, über den Unfall zu erzählen, kommt ihre kleine Tochter ins Zimmer und fragt: „Was ist passiert, kannst du es mir auch erzählen?" Wie werden Sie dem Kind das Geschehen in Worte fassen und vor allem: Welche Gefühle werden Sie auf welche Weise oder eben auch gar nicht zeigen? Abends ruft ein guter Freund an. Irgendwie kommen Sie im Gespräch auf den Unfall zu sprechen. Wie berichten Sie ihm darüber?

Wenn Sie versuchen, diese Frage genau zu beantworten, werden Sie feststellen, dass es spürbare Unterschiede gibt, wie Sie wem was über den Unfall berichten. Was die Verschiedenheit ausmacht und wie das Zeigen von Gefühlen bewusst gesteuert werden kann, versuchen wir jetzt zu formulieren. Wir werden mit Hilfe unserer Raummetapher unterschiedliche Formen des Gefühlezeigens gemeinsam anschauen.

Wir gehen davon aus, dass sich das gegenwärtige Gefühl in unserer Innenwelt befindet. Wenn wir uns unsere Gefühlswelt als einen dreidimensionalen Raum vorstellen, der von unserer psychischen Grenze umgeben ist, dann spielt die Grenze eine wesentliche Rolle, inwiefern unsere momentanen Gefühle von außen sichtbar sind. Die Außenposition des Gegenübers ist ein üblicher Standort eines Mitmenschen, es sei denn, der Andere tritt in unsere Gefühlswelt ein.

Gefühle können von außen sichtbar sein

Schauen wir einmal, wie unsere Gefühle von außen sichtbar sind: Wenn wir eine psychisch-seelische Grenze haben, die hoch, dick und ohne durchlässige Stellen ist, wird niemand von außen in unseren Innenraum Einblick haben. Wir können also unsere Gefühle vor fremden Blicken schützen, wenn wir eine solide, dichte Abgrenzung aufbauen. Dies ist manchmal notwendig, etwa wenn wir in der Vergangenheit mit dem Gegenüber ungute Erfahrungen gemacht haben, wenn jemand unsere Gefühle kritisiert, uns nicht ernst genommen oder sogar lächerlich gemacht hat. In einer solchen Situation scheint es vernünftig zu sein, eine Wiederholung zu vermeiden. Gelingt uns das, dann ist dieses „Zumachen" sinnvoll und vor allem auch legitim. Im Schweizerdeutschen Dialekt kennen wir dafür den Ausdruck „dann geht mir der Laden runter". Es ist, als ob ein Fensterladen geschlossen und dem Außenstehenden die Sicht in unsere Innenwelt genommen würde. Wenn wir jemandem zum ersten Mal begegnen, reagieren wir je nach Situation, aber auch abhängig von alten Erfahrungen und Gefühlen, ganz unterschiedlich. Es gibt Kulturen, da wird einem Fremden keine Einsicht in die eigene Gefühlswelt gegeben. Der Auswärtige muss zuerst beweisen, dass er vertrauenswürdig ist, bevor man vorsichtig ein Fenster öffnet. Mit der Wahl des Fensters haben wir die Möglichkeit zu entscheiden, welchen Teil der Gefühlswelt wir zeigen möchten. Abhängig von der Reaktion des Gegenübers und von der Situation öffnen wir noch ein zweites oder sogar ein drittes Fenster. Es gibt auch Nationen die als sehr offen bekannt sind, bei denen auch fremde Passanten hineinschauen dürfen. Es scheint klar zu sein, dass der Andere draußen ist und nur einen selektiven Teil unseres Selbst zu Gesicht bekommt. Ob jemand eher ein verschlossener oder ein offener Mensch ist, merken wir sofort. Die Körperhaltung, der Blick aber auch die Sprache sagen uns: „Schau nur, das was du siehst, darfst du von mir sehen und nicht mehr." Ein geöffnetes Fenster macht uns neugierig, und trotzdem schauen wir nicht unhöflich lange in die Innenwelt des Anderen. Mit dem aufgesperrten Fenster können wir auch gezielt Teile von uns sichtbar machen, wir können vielleicht sogar mit der Auswahl des Fensters eine Situation aktiv beeinflussen.

Eine offen stehende Türe ist etwas anderes als ein geöffnetes Fenster. Auch wenn genau dasselbe durch die Öffnung sichtbar ist. Eine offene Türe kann als eine nicht direkt ausgesprochene Einladung verstanden werden und kann jemanden veranlassen, einen Schritt in unsere Innenwelt zu wagen. Ein aufgeschlossener Mensch lässt die Türe nicht unbedingt unbewacht offen stehen. Es ist klar, dass er nicht nur für seine Umwelt transparenter ist, sondern auch, dass er von innen aus mehr von der Umgebung mitbekommt. Er hat einen andern Blick auf die Welt als derjenige, der nur sporadisch einmal ein Fenster öffnet, um frische Luft ins Zimmer zu lassen. Dazu das Beispiel von Cees:

Cees ist ein 35-jähriger Mann, der in einer Umgebung aufgewachsen ist, in der es unbedenklich ist, ein oder mehrere Fenster offen stehen zu lassen. Keine Einbrecher, keine neugierigen Zuschauer missbrauchen das entgegengebrachte Vertrauen. Cees hat auch gelernt, wenn doch jemand einmal seinen Kopf durch das Fenster stecken würde, würde er „den Laden vor der Nase des Fremden herunterlassen". Cees reist beruflich viel umher. Wenn er bei einer neuen Firma zu Besuch ist, erzählt er beim Lunch über seine Familie, seine zwei Kinder und seine Hobbies. Er kann auch über seine beruflichen Gefühle ohne Angst erzählen. Vielen Menschen erlaubt er einen Einblick in seine Innenwelt. Dabei dosiert er spielerisch die Dauer der Öffnungszeit, die Beleuchtung des Inneren und die Auswahl der sichtbaren Gefühle. Er kann mühelos über sich sprechen, und gleichzeitig schaut er neugierig in die Außenwelt.

Mitgefühl

Wenn die Person gegenüber nicht bei uns vor dem Zaun steht, sondern bei sich ist, sich in ihrer eigenen Innenwelt aufhält und von dort durch unser geöffnetes Fenster auf ein uns gehörendes Gefühl schaut, resoniert ihr Körper, ihr Leib mit unserem Gefühl (siehe Abbildung 6).

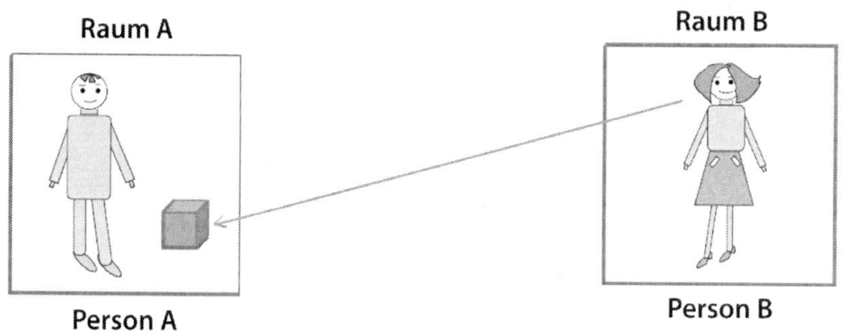

Abbildung 6: B schaut von ihrer Innenwelt auf ein Gefühl von A, welches sich im Innenraum von A befindet. B wird mit dem Gefühl von A leiblich mitschwingen.

Blickt sie auf eine Angst in unserem Raum, wird ihr Puls ansteigen und ihr Leib eine Angstsymptomatik entwickeln. Sie wird an ihrem eigenen Leib unsere Angst erfahren. Diese empfundene Angst wird sie als eine Leibresonanz erkennen. Wir nennen dieses mitschwingen „Mitgefühl". Sie kann die fremde Angst von der eigenen Angst unterscheiden. Wenn das Gegenüber bei sich ist, fällt das Mitresonieren nicht schwer, es sei denn, dass diese Fertigkeit, aus was für Gründen auch immer, nicht genügend entwickelt ist. Dieses Fehlen der Resonanzfähigkeit finden wir bei Menschen, die nicht im Stande sind, bei einer Begegnung im eigenen Raum zu bleiben oder dorthin zurückzukehren. Derjenige, der die Gefühle ausstrahlt, merkt unbewusst, ob der Andere bei sich ist, in seiner psychisch-seelischen Innenwelt oder mit seiner Aufmerksamkeit im zwischenmenschlichen Raum verweilt. Wenn wir mit jemandem zusammen sind, der gesammelt und achtsam ist und sich in seiner eigenen Gefühlswelt aufhält, fällt es uns leichter, uns zu öffnen. Wenn der andere seinen Raum verlässt und sich uns nähert, neigen wir dazu, Türen und Fenster zu schließen (siehe Abbildung 7). Mit der Raummetapher ist dies gut nachvollziehbar.

Wenn die andere Person von der Außenwelt auf ein Gefühl von uns blickt, empfindet sie körperlich keine Regung (siehe Abbildung 7). Dies bedeutet, dass beim Anblick ein- und desselben Gefühls, je nach Aufmerksamkeitsstandort des Beobachters der Augenzeuge leiblich mitschwingt (Mitgefühl) oder körperlich unbeteiligt bleibt (kognitive Wahrnehmung).

Abbildung 7: B schaut vom zwischenmenschlichen Raum aus auf ein Gefühl im Raum von A.

Von diesem Standort aus kann Person B nicht mit Person A mitschwingen.

Empathie

Wenn die andere Person in unsere Innenwelt eintritt, reagiert sie wieder leiblich. Wenn eine Person mit ihrem Aufmerksamkeitsstandort in unsere Gefühlswelt hineinkommt, kann sie dort mit einem uns zugehörigen Gefühl Kontakt aufnehmen. Wir nennen dies „einfühlen" oder „Empathie". In diesem Moment nimmt die Person das Gefühl (siehe Abbildung 8), mit ihrem sogenannten empathischen Leib wahr.

Abbildung 8: B schaut im Raum A auf ein Gefühl von A (Einfühlung). B empfindet dieses Gefühl empathisch leiblich.

Diese empathische leibliche Reaktion auf den Anblick eines fremden Gefühls (einfühlen) ist anders als die Körperresonanz, die jemand von seinem eigenen Raum empfindet. Wenn wir eine Person in unsere Innenwelt eintreten lassen, bekommt das Zeigen eines Gefühls eine intime Qualität. In solchen Situationen sollten wir mit der Auswahl der vorgeführten Gefühle behutsam und vorsichtig sein. Das Teilen der leiblichen Empfindungen für ein Gefühl löst eine innige Nähe aus. Weil diese leibliche Empathie keine Resonanz ist, sondern die direkte Verbindung mit einem fremden Gefühl, wird dieses Erlebnis zu einer Erfahrung. Dies ist ein zusätzlicher Grund, warum wir mit dem Darlegen von schwierigen oder schmerzhaften Gefühlen rücksichtsvoll umgehen sollten, wenn wir einen geliebten Menschen in unserer Innenwelt zu Besuch haben. Kurz zusammengefasst: Wir können ein Gefühl in unserer Innenwelt einem Mitmenschen zeigen, wenn der Andere mit seinem Aufmerksamkeitsstandort bei sich ist, sich im Außenraum aufhält oder in unserem Innenraum zu Gast ist. Sowohl für den Augenzeugen wie auch für uns sind dies drei völlig unterschiedliche Situationen.

Gefühle in der Außenwelt zeigen

Wir können ein Gefühl auch hinaustragen und im öffentlichen Raum zur Schau stellen. Gefühle können sprachlich ausgedrückt werden oder auch eine künstlerische Form erhalten, die in der Außenwelt ausgestellt werden kann. Musik, Malerei, Bildhauerei, Poesie, Prosa, Filme und viele Mischformen sind Zeuge externalisierter Gefühle. Ganz intime Regungen können auch über Fernsehsendungen, Radioprogramme oder via Internet in die Öffentlichkeit gelangen, wo sie ein unkontrollierbares Dasein fristen.

Gefühle von der Außenwelt aus beschreiben

Wir können auch vom zwischenmenschlichen Raum, der Metaposition aus auf unsere eigene Innenwelt blicken und über die von außen wahrgenommenen inneren Gefühle berichten. Diese Erzählungen können manchmal nicht stimmig erscheinen und lassen den Zuhörer meistens unberührt. Sie klingen meistens wie journalistische Informationen über eine nicht anwesende Person. Wenn dies sehr oft auftritt, läst sich eine narzisstische Tendenz vermuten. Da der Sprecher nicht direkt mit seinen Gefühlen verbunden ist, ist ein gefühlvolles Mitschwingen für den Zuhörer nicht möglich.

Wenn der Redner sich von seiner Innenwelt entfernt und eine zunehmende Distanz zu seinen Gefühlen entwickelt, können wir das anhand seiner Erzählung mitverfolgen. Die Gefühlsreportage wird oberflächlicher, und unser Versuch, uns einzufühlen, scheitert und führt zu Frustration. Die anhaltende Abspaltung von der eigenen Gefühlswelt zeigt sich in einer emotionalen Verflachung. Auf Dauer sind Gefühle für eine verbindende Beziehung unentbehrlich.

Ob wir nun unsere Gefühle nicht zeigen, weil wir uns eingemauert haben, oder weil wir uns von ihnen entfernt haben – in beiden Fällen wird sich das Gegenüber emotional früher oder später von uns abwenden. Diese Bewegung kann schmerzhaft sein, vor allem wenn wir glauben, in einer Beziehung zum Andern zu stehen. Unsere emotionale Unerreichbarkeit kann als ein gewollter Kontaktabbruch missverstanden werden.

Gefühle in einer fremden Innenwelt hinterlegen

Wenn wir fähig sind, unsere Gefühle aus unserer Innenwelt hinauszutragen, können wir die eigenen Gefühle auch in den Innenraum eines Mitmenschen hineintragen. Die hineingebrachten Gefühle werden meistens unbewusst aufgenommen. Beim Empfänger kann ein Abwehrmechanismus aktiviert werden, der versucht, diese fremden, eingedrungenen Gefühle zu entfernen. Im idealen Fall werden die Gefühle dem Zubringer zurückgegeben. Am häufigsten erhalten Gefühle, die sich eingeschlichen haben, eine Unterkunft in unserer Innenwelt und werden, wenn überhaupt, erst Jahre später als fremdzugehörig identifiziert. Diese Form des zwischenmenschlichen Gefühlsaustausches verläuft meistens sowohl für den Geber als auch für den Empfänger unbemerkt, auch wenn unser Leib auf das Eindringen reagiert (Blaser, 2008). Achtsamkeit ermöglicht uns nun, mit unseren leiblichen Empfindungen in Kontakt zu kommen und eingeschleuste Gefühle sofort zu bemerken. Unterschiedliche Austauschdynamiken werden plötzlich erkennbar (Blaser, 2008). Oft benützen wir ein beschränktes Repertoir an Austauschvarianten, von denen wir ohne diese Bewusstwerdung keine Ahnung haben. Da diese Verhaltens- bzw. Beziehungsmuster nicht immer konstruktiv sind, erhalten wir durch das Achtsamkeitstraining die Möglichkeit, auf unser zwischenmenschliches Benehmen korrektiv Einfluss zu nehmen.

Gefühle spielen also nicht nur beim Navigieren eine große Rolle, sondern haben zudem einen entscheidenden Stellenwert in der Beziehungsdynamik. Die Art und Weise, wie wir unsere Gefühle sichtbar oder auch unsichtbar machen, die Art und Weise, wie wir Gefühle transportieren, und die Auswahl des Platzierens unterstehen meistens unbewusst angelernten Umgangsformen. Gemeinhin imitieren wir als Kind den vorgeführten Gefühlsverkehr zwischen den Eltern, ohne uns ein Leben lang im Klaren zu sein, welche Austauschbewegungen oder Platzwechsel die Gefühle im Laufe der Zeit machen. Das Annehmen eines wahrgenommenen Gefühls bekommt somit auch eine interaktive Relevanz. Der angelernte zwischenmenschliche Gefühlsaustausch prägt unser Beziehungsverhalten und trägt dazu bei, dass wir unsere Beziehungen liebevoll und respektvoll gestalten. Wiederholte Beziehungsabbrüche und frustrierende wiederkehrende Beziehungsenttäuschungen können mit beschränkten oder sogar destruktiven Gefühlsumgangsformen zusammenhängen. Die Erfassung dieser Kausalität wird erst möglich, wenn wir versuchen, unsere Gefühle bewusst wahrzunehmen. Das Achtsamkeitstraining, die Gefühlsbewusstwerdung im Beisein eines Mitmenschen, ermöglichen uns, das Zusammensein zufriedenstellend zu gestalten.

Gefühle zur Schau stellen

Zum Schluss dieses Kapitels kommen wir noch zu einer besonderen Form des Gefühlsausdruckes. Wir können, wie das einfache „Quartierlädeli" oder das luxuriöse Warenhaus, aber auch wie auf Facebook ganz gezielt ausgewählte Gefühle zur Schau stellen. Wir versuchen zuerst, die Aufmerksamkeit des Anderen auf uns zu lenken. Wenn der Betrachter anhält und genauer hinschaut, möchten wir natürlich, dass ihn unsere ausgestellten Gefühle interessieren. Vielleicht können wir seine Neugier wecken und ihn dazu verleiten, bei uns anzuklopfen. In diesem Moment können wir immer noch entscheiden, die Türe ganz zu schließen. Mit einem Schaufenster gewähren wir den Passanten keine Einsicht in unser Innenleben. Wir haben die völlige Kontrolle über das Gezeigte, geben dosiert einen Teil von uns preis und können das Schaufenster zu jedem Zeitpunkt neu gestalten. Mit dem Schaufenster können wir uns einerseits schützen, indem wir vermeiden, bestimmte innere Teile preiszugeben. Andererseits können wir durchdacht mit dem Dargelegten auf unser äußeres Erscheinungsbild Einfluss nehmen. Immer mehr Menschen verbringen viele Stunden im Internet mit der Gestaltung ihres Schaufensters.

Versuchen Sie einmal ganz bewusst, die hier dargestellten Arten von Gefühlen zu zeigen. Dies kann zu sehr spannenden neuen Erfahrungen führen. Solche Experimente können zu lustvollen zwischenmenschlichen Abenteuern werden und auch Partnerschaften neues Leben einhauchen. Achten Sie bei diesen spannenden kleinen Versuchen auch auf die Reaktionen des Gegenübers. Häufig werden Sie bei Bekannten vor allem dann eine leichte Verwirrung feststellen, wenn Sie eine ganz neue Variante ausprobieren.

Um Ihr Verständnis für die zwischenmenschliche Gefühlskommunikation zu fördern, können Sie auch immer wieder einmal eine Situation im Nachhinein genau analysieren. Wo befanden Sie sich zum Zeitpunkt der

Handlung? Waren Sie bei sich, mit der Aufmerksamkeit im Zwischenraum oder bereits in der Gefühlswelt des Anderen? Wo schauten Sie hin, wie war Ihre Blickrichtung? Haben Sie in diesem Moment ihre Gefühle bewusst wahrgenommen? Wenn nicht, können Sie die Gefühle jetzt nachempfinden, wenn Sie sich die Situation nochmals präzise vorstellen? Wenn Sie jetzt Ihre Gefühle wahrnehmen, zu welchen neuen Erkenntnissen kommen Sie?

Und wo war Ihre Partnerin, Ihr Kind, Freund oder Kollege? War die Partnerin in ihrer Mitte, achtsam und konzentriert? Oder war sie mit der Aufmerksamkeit eher außerhalb ihres Innenraumes – und wenn dies der Fall war, wie weit war sie von ihrer Gefühlswelt entfernt? Wurde sie von Ihnen gesehen? Hat Ihre Partnerin bemerkt, ob sie wahrgenommen wurde? Hat Ihre Partnerin Sie leiblich wahrgenommen (dazu braucht es keinen realen Körperkontakt) oder eher objektiv und nüchtern? Wie konnten Sie diesen Unterschied feststellen?

Diese Übungen können auch einiges auslösen – wenn Ihnen zum Beispiel klar wird, dass Ihre Eltern Sie als Kind oder auch Ihr Partner in den letzten Jahren kaum wahrgenommen haben, nur selten bei sich waren und sich nur in geringem Maße für Ihre Gefühle interessiert haben. Versuchen Sie den Standort, die Blickrichtung und Beobachtungsweise der Partnerin oder der Eltern nicht zu werten. Schauen Sie, welche Gefühle sich bei Ihnen zeigen, wenn Sie diese Einsicht erhalten. Stimmen Sie auch jetzt den aufkommenden Gefühlen zu und versuchen Sie zwischen alten und neuen Gefühlen zu differenzieren.

Unterdessen sind Sie ja bereits am Ende des Buchs angelangt und haben schon einige Erfahrungen mit der Gefühlsübung gemacht. Sie sind kein Anfänger mehr und haben inzwischen wahrscheinlich schon öfters starke Gefühle bejahen können. Schmerzhafte Gefühle zuzulassen kann auch für einen Fortgeschrittenen noch schwierig sein. Nicht immer sind wir bereit, die Hinweise dieser starken Gefühle zu lesen. Akzeptieren Sie auch dies. Es ist in Ordnung, wenn Sie zum jetzigen Zeitpunkt, aus welchen Gründen auch immer, nicht hinschauen möchten.

20

Mein Leib als Sprachrohr

Gefühle vermitteln uns Informationen über den Zustand anderer Mitmenschen, über unsere Umwelt, unsere Grenze und über uns selbst. Emotionales Gewahrsein wird auch „mentalisierte Gefühlsempfindung“ genannt (Allen, 2009) und fördert Veränderungen sowie einen adäquaten Umgang mit der aktuellen Situation. Unsere Gefühle helfen uns bei der Orientierung im Hier, also räumlich, gleichzeitig nehmen sie einen zeitlichen Bezug auf Vergangenes und Gegenwärtiges.

Aristoteles (384-322 vor Chr.) maß den Gefühlen eine grundlegende Bedeutung für ein gutes und zufriedenes Leben bei und glaubte auch, dass eine Gefühlsregulierung möglich sei. Dies im Gegensatz zu den Stoikern, die davon überzeugt waren, dass man Gefühle nicht unter Kontrolle bringen könne, und sogar glaubten, ganz im Gegensatz zu der in diesem Buch vertretenen Sichtweise, dass sie uns vom rechten Weg abbringen könnten. Die römisch-katholische Kirche teilte diese Meinung und stand auch deswegen den Gefühlen und dem Körper feindlich gegenüber. Diese historische Entwicklung zeigt ihre Wirkung noch bis in die Gegenwart. Auch heute glauben viele noch, dass Gefühle sich unserer bemächtigen und wir mit Vernunft der Macht der Gefühle widerstehen können.

Die Frage nach der Gefühlsempfindung wird zur Frage nach unserem Aufmerksamkeitsstandort, unserer Blickrichtung und Wahrnehmung des Selbst. Die Gefühlsempfindung sagt gleichzeitig Wichtiges aus über unsere Perzeption der Umwelt. Die bewusste Gewahrwerdung unserer Gefühle informiert uns über das In-der-Welt-Sein, über das Im-Jetzt-Sein. Halten wir uns mit unserem Aufmerksamkeitsstandort im eigenen Innenraum auf, können wir unsere Gefühle beobachten. Mit Bewusstheit und ohne Ablenkung benennen wir zunächst die vor unserem inneren Auge in Erscheinung tretenden und leiblich spürbaren Gefühle. Wenn wir über unsere Gefühle nicht urteilen und ihnen zustimmen, sind wir in der Lage, ihre richtungsgebenden Hinweise zu lesen. Im Laufe unserer Erziehung haben wir sukzessive diese Fähigkeiten vergessen. Dies geschah nicht, weil uns diese Kompetenz abhanden kam, sondern weil wir uns immer weniger in unserer Gefühlswelt aufhielten. Unsere westliche Kultur ist darauf ausgerichtet, aus uns Bewohner des öffentlichen Raums zu machen. Anstatt Einwohner unseres Selbst zu bleiben und ab und zu mit unserem Aufmerksamkeitsstandort einen Ausflug in den öffentlichen Raum zu unternehmen, werden wir zu Ansiedlern des zwischenmenschlichen Außenraumes. Diese Menschenwanderung hat zu einer Überbevölkerung des öffentlichen Raumes geführt und zu einer Verwahrlosung der individuellen seelischen Welten. Wenn wir uns die drei Bewusstseinsorte vergegenwärtigen, uns also räumlich orientieren, werden wir imstande sein, im Einklang mit der Innen- und Außenwelt, zu jedem Zeitpunkt einen angemessenen Standort zu wählen:

- In der Innenwelt spielen ganz andere Qualitäten für unser Wohlbefinden eine Rolle als in der Außenwelt. Durch achtsames Hinschauen können wir in der stillen Innenwelt unseren Reichtum sehen, den inneren Wachstum fördern und genießen und einen Ausgleich zum hektischen und lauten Außenweltdasein finden. In der psychisch-seelischen Welt angelangt können wir verlangsamen, zur Ruhe kommen, Gesehenes und Erfahrenes verinnerlichen und achtsam und mitfühlsam nach außen schauen. Der Blick von innen nach innen, die Interozeption, kann als Aufmerksamkeit und Fürsorge angesehen werden, die sich auf unser Selbst konzentriert (Siegel, 2004). Achtsamkeit könnte auch als die Fähigkeit beschrieben werden, uns zum Objekt unserer eigenen Aufmerksamkeit zu machen (Allen, 2009). Sie beruht auf der aktiven Identifizierung, Verarbeitung und Speicherung von Informationen über das Selbst (Segal, 2008).
- Verlassen wir mit unserer Aufmerksamkeit den psychisch-seelischen Raum und treten mit dem Aufmerksamkeitsstandort in die Außenwelt ein, verlieren wir den Kontakt zu unseren Gefühlen. Dieser Abbruch zu den eigenen Gefühlen wird auch Dissoziation genannt. Bei einem Trauma kann es zu einer Dissoziation kommen, die das Opfer durch den Kontaktverlust zu den eigenen Gefühlen vorübergehend vor sehr starken eigenen Emotionen schützt. Der Abstand zum Selbst kann über Jahre gleich bleiben. Auch die Unfähigkeit, auf das eigene Selbst aus der Ferne hinzuschauen, kann nahezu konstant sein (Blaser, 2011). Aus therapeutischer Sicht wird ein

Blickrichtungswechsel auf das eigene Ich und anschließend eine vorsichtige Annäherung an die eigene Gefühlswelt sehr behutsam angestrebt. Jeder Aufmerksamkeitsstandort außerhalb des eigenen Innenraums ist mit Dissoziation verbunden. Ganz unabhängig von der Dauer des Aufenthaltes im Außenraum und der Distanz zur eigenen Gefühlswelt können wir also, wenn wir mit unserer Aufmerksamkeit uns außerhalb unseres psychisch-seelischen Raumes aufhalten, von einem dissoziativen Zustand sprechen. Da wir vom zwischenmenschlichen Raum aus das „Selbst“ nicht von innen heraus wahrnehmen können, erhält der Körper oft eine andere Bedeutung. Dies kann sich auf ganz unterschiedliche Weisen äußern. Von zwanghafter Fokussierung auf das Körpergewicht bei Essproblemen bis zu chronischen Schmerzbeschwerden mit unklarer organischer Ursache. Im Zwischenraum sind wir nicht imstande, auf unsere Gefühlswelt Bezug zu nehmen. Der Kontakt zu den Mitmenschen wird zweidimensional, es fehlt an emotionaler Tiefe. In einer partnerschaftlichen Beziehung kann dies auf die Dauer zu Oberflächlichkeit führen. Da in diesem Fall eine Begegnung mit dem Partner nur in der Außenwelt stattfindet, muss der Andere seine Innenwelt verlassen, will er mit seinem Partner zusammenkommen.
- Zum Schluss können wir mit unserer Aufmerksamkeit auch den Innenraum eines Mitmenschen besuchen. Dort kommen wir seinen Gefühlen sehr nahe und können mit ihnen auch leiblich in Verbindung treten. Diese Befindlichkeit, die Einfühlung, wird „empathische Leibempfindung“ genannt.

Betrachten wir diese Unterscheidungen noch einmal anhand des Trauergefühls:

- Befinden wir uns mit unserer Aufmerksamkeit in unserer Innenwelt, so können wir dort mit ganz verschiedenen eigenen Trauergefühlen Kontakt aufnehmen. Wir können sie zeitlich einordnen und die Verbindung mit den dazugehörigen biografischen Erfahrungen herstellen. Wir können auch unterscheiden, ob eine Trauer eventuell fremdplatziert ist, also irgendwann von irgendjemandem bei uns hinterlegt wurde.

- Wir können von unserer Innenwelt aus auch eine Trauer im Innenraum eines Mitmenschen wahrnehmen. Dann schwingen wir mit und sind uns bewusst oder auch unbewusst im Klaren, dass die empfundene Trauer nicht zu uns gehört. Diese Trauerresonanz ist also nochmals eine andere leibliche Trauermanifestation.
- Schauen wir von der Außenwelt aus auf eine eigene oder fremde Trauer, löst dies keine körperliche Reaktion aus. Die Trauer wird aufgrund einer Beschreibung oder eines Bildes erkannt und eventuell begründet oder erklärt.
- Begegnen wir in der Gefühlswelt eines Mitmenschen seiner Trauer, nehmen wir sie empathisch leiblich wahr. Diese nicht zu uns gehörende Regung fühlt sich leiblich nahe und anders an als die vorher beschriebenen Trauerwahrnehmungen.

Unser Körper und unser Gehirn, das die Körpersignale aufnimmt und liest, sind zu dieser unglaublich subtilen Differenzierung imstande. Schon als ganz kleines Kind probieren wir die verschiedenen Standorte und Perspektiven aus, experimentieren mit unseren Wahrnehmungen, überprüfen sie, imitieren sie und eignen uns diese enorm komplizierte räumliche, zeitliche und soziale Orientierung an. Wir sehen uns um, kundschaften die zwischenmenschlichen Situationen aus, machen uns räumlich schlau und transformieren unsere momentanen Erkenntnisse und Einsichten in die Gefühls- und Körpersprache.

Wie wichtig diese Sprache ist, habe ich in diesem Buch deutlich zu machen versucht. Die vorgestellte Achtsamkeitsübung hilft uns mehrfach täglich, unsere Gefühlsprache bewusst zu nutzen. Sie hilft uns, diese urmenschlichen Qualitäten immer mehr wissentlich zu leben. Wir haben gesehen, wie wir unsere Feinfühligkeit schulen können und wie wir lernen können, leiblich zu empfinden. Wir haben gelernt, mehrere Wahrnehmungsqualitäten bewusst zu unterscheiden und damit eine subtile Sensibilität zu entwickeln.

Natürlich geht das nicht von einem Tag auf den andern. Wir brauchen viele Momente der Klarheit, um die beschriebenen Gefühlserfahrungen am eigenen Leib spüren zu können. Der Weg der Vervollkommnung ist reichhaltig und voller Überraschungen, auch wenn es manchmal langsamer vorwärts geht, als wir es uns wünschen. Doch jeder Schritt, den wir in der

Gefühlsschule machen, wird uns Freude bereiten. Die Hausaufgaben werden zum inneren Abenteuer.

Je besser schlussendlich die leibliche Sprachfertigkeit und Sprachgewandtheit sein werden, desto zufriedener werden wir unser Leben und auch unsere Beziehungen gestalten können. Unser Leib ist ein Gefühlsgenie. Wenn ich diesen letzten Satz aufschreibe, fühle ich eine Leichtigkeit im Brustkorb, ein Lächeln auf meinen Lippen und ein freudig tanzendes Herz.

Literaturhinweise

Allen J.G., Fonagy P. (2009).
Mentalisierungsgestützte Therapie. Stuttgart: Klett-Cotta.

Blaser, K. (2014a).
In mir und um mich herum, Ich-Grenzen dreidimensional visualisieren. Rossdorf: Synergia Verlag.

Blaser, K. (2014b).
No mindfulness without Boundaries, In: Psychology of Mindfulness, Hrsg. K. Murata-Soraci S. 24-34, New York: Nova Publishers.

Blaser K., Zlabinger M., Hautzinger M., Hinterberger T. (2014c).
The Relationship between mindfulness and the self-boundary: Validation of the Boundary Protection Scale– 14 (BPS-14) and its correlation with the Freiburg Mindfulness Inventory (FMI), Journal of educational and developmental Psychology, vol. 4, 1, DOI: 10.5539/jedp.v4n1p155.

Blaser, K., Zlabinger, M., Hinterberger, T. (2014d).
Das Interpersonelle Aufmerksamkeits-Management Inventar: Ein neues Instrument zur Erfassung unterschiedlicher Selbst- und Fremdwahrnehmungs-fähigkeiten. Zeitschrift Forschende Komplementärmedizin, 21, 34-41. DOI:10.1159/000358176.

Blaser K. (2012a).
Aufmerksamkeit und Begegnung: Zwischenmenschliches Aufmerksamkeitsrepertoire, Ich-Grenzen und die Kunst des Zusammenseins. Kröning: Asanger Verlag.

Blaser, K. (2012b).
Intra- and interpersonal mindful and non-mindful mental states: A comparison of a new spatial attention concept and the IAA mindfulness model of Shapiro, Mindfulness, online, April 2012 DOI 10.1007/s12671-012-0097-2.

Blaser K. (2011).
Boundary based Awareness und Transgenerationale Traumaweitergabe, Zeitschrift für Psychotraumatologie, Psychotherapiewissenschaft, Psychologische Medizin, Jg. 9 (3) 75-81.

Blaser K. (2008).
So bin ich – und du bist anders, Achtsam Grenzen setzen in der Partnerschaft.
Freiburg im Breisgau: Herder Spektrum.

Damasio A.R. (2004).
Descartes Irrtum. Fühlen, Denken und das menschliche Gehirn. Berlin: List Taschenbuch.

Fonagy P., Gergely G., Jurist E.L., Target M. (2004).
Affektregulierung, Mentalisierung und die Entwicklung des Selbst. Stuttgart: Klett-Cotta.

Gallese V. (2003).
The roots of empathy: The shared manifold hypothesis and the neural basis of intersubjectivity, Psychopathology, 36, 171-180.

Gallese V., Goldman A. (1998).
Mirror neurons and the simulation theory of mind-reading, Trends in Cognitive Sciences, 2, 493-501.

Gendlin E.T., Wiltschko J. (1999).
Focusing in der Praxis. Eine schulenübergreifende Methode für Psychotherapie im Alltag. Stuttgart: Pfeiffer bei Klett-Cotta.

Gendlin E.T. (1998).
Focusing-orientierte Psychotherapie. Ein Handbuch der erlebensbezogenen Methode. München: J. Pfeiffer Verlag.

Hinterberger,T., Zlabinger, M., Blaser, K. (2014).
Neurophysiological correlates of various mental perspectives, Frontiers in Human Neuroscience, Vol.8 Art 637, 1-16, doi: 10.3389/fnhum.2014.00637.

Husserl, E. (2002).
Phänomenologie der Lebenswelt, Ausgewählte Texte II. Stuttgart: Reclam.

Kabat-Zinn J. (2005).
Gesund durch Meditation, das große Buch der Selbstheilung. Frankfurt am Main: O.W. Barth Verlag.

Kabat-Zinn J., Seifarth R. (1999).
Stressbewältigung durch die Praxis der Achtsamkeit. Freiburg im Breisgau: Arbor-Verlag.

Kosslyn S.M., Pascual-Leone A., Felician O., Camposano S., Keenan J.P., Thompson W.L., Ganis G., Sukel K.E., Alpert N.M. (1999).
The Role of Area 17 in Visual Imagery: Convergent Evidence from PET and rTMS, *Science* Vol. 284, 167-170.

Lazar S.W., Kerr C.E., Wassermann R.H., Gray J.R., Greve D.N., Treadway M.T. (2005).
Meditation experience is associated with increased cortical thickness, Neuroreport, 16 (17), 1893-1897.

Levine, P.A. (2007).
Vom Trauma befreien, Wie Sie seelische und körperliche Blockaden lösen.
München: Kösel-Verlag.

Levine P.A. (1998).
Trauma-Heilung, Unsere Fähigkeit, traumatische Erfahrungen zu transformieren.
Essen: Synthesis.

Merleau-Ponty, M. (1966).
Phänomenologie der Wahrnehmung. Berlin: Walter de Gruyter & Co.

Morin A. (2005).
Possible links between self-awareness and inner speech: theoretical background, underlying mechanisms, and empirical evidence. Journal of Consciousness Studies, 12, 115-134.

Segal Z.V., Williams J.M.G., Teasdale J.D. (2008).
Die achtsamkeitsbasierte cognitive Therapie der Depression. Ein neuer Ansatz zur Rückfallprävention. Tübingen: dgtv Verlag.

Seligmann M., Flourish. A. (2011).
Visionary new understanding of happiness and well-being. New York: Free Press.

Siegel J.D. (2004).
Das achtsame Gehirn. Freiburg im Breisgau: Arbor Verlag.

Thich Nhat Hanh, Nguyen Anh-Huong (2008).
Geh-Meditation. München: Goldmann Arkana Verlag.

Thich Nhat Hanh (1988).
Das Wunder der Achtsamkeit. Berlin: Theseus Verlag.

Dankeswort

Auf dem Buchumschlag lesen Sie den Titel des neuen Buches und den Namen des Autors. Es sieht so aus, als hätte ich das Buch ganz alleine geschrieben. Das stimmt so nicht ganz. Ohne Hilfe von einigen Personen wäre dieses Buch nie zustande gekommen. All jenen, die mich tatkräftig bei der Entstehung dieses Buches auf irgendeine Weise unterstützt haben, bin ich enorm dankbar.

An erster Stelle möchte ich meiner Frau Dragana und meiner Tochter Michelle danken, für die Zeit und den Raum, die sie mir für das Schreiben gegeben haben. Dragana hat mich zudem aktiv bei der Gestaltung der Abbildungen unterstützt.

Elisabeth Gschwind unterstützt mich seit vielen Jahren bei meiner Schreibtätigkeit. Das Gelingen des Buches war nur dank ihrer unermüdlichen und geduldigen Arbeit möglich. Sie hat das Manuskript präzise und mit großer Aufmerksamkeit für die elektronische Datenverarbeitung aufbereitet.

Auch möchte ich Silvia Rehder für die wertvollen und akribischen Korrekturen herzlich danken.

Ebenfalls möchte ich mich beim Team von Synergia bedanken. Die Redaktion des Verlages begleitete mich in der letzten Phase der Entstehung des Buches bis zur Veröffentlichung. Dank des sorgfältigen und begeisternden Mitwirkens können Sie das Buch jetzt in den Händen halten.

Reto Zbinden und ich können uns ganze Abende über unsere Arbeit unterhalten. Die Gesprächsschichten wechseln von pragmatisch lösungsorientiert über systemisch hinschauend bis zur geistigen Ebene. Auf all diesen Niveaus hat er das Manuskript gelesen. Seine Notizen waren sehr wertvolle Anregungen für mich.

Auch Daniel von Orelli, seit der ersten Stunde der Gründung des „Centre for applied Boundary Studies“ mitbeteiligt, danke ich für seine vielseitige Unterstützung. Unsere Gespräche über Therapie-Erfahrungen und über neue Bücher und Artikel haben meinen Blick auf Gefühle und Achtsamkeit, so wie sie in diesem Buch niedergeschrieben wurden, wesentlich erweitert.

Und ich möchte all jenen herzlich danken, die mir wunderschöne, liebe und wertvolle Gefühle geschenkt haben. All diesen Gefühlen habe ich in meiner Innenwelt einen besonderen und schönen Platz gegeben.

Über den Autor

Klaus Blaser ist Facharzt für Psychiatrie und Psychotherapie. Seine Spezialgebiete sind die Selbst- und Fremdwahrnehmung, Systemtherapie, Achtsamkeitstraining und die Traumatherapie. „Gefühle entdecken und achten“ ist sein viertes Buch, in dem er seine Forschung über die mentale Ich-Grenze – hier insbesondere hinsichtlich der Gefühle und des Inneren Raums – beschreibt. Als Bewusstseinsforscher und Leiter des „Centre for applied Boundary Studies“ in Basel publiziert er regelmässig wissenschaftliche Artikel. Nebst seiner Praxistätigkeit hält Klaus Blaser Vorträge und bietet Seminare, Trainings und Weiterbildungen an. Er ist Mitgründer der „International Society for the Study of Boundaries“ (siehe www.study-of-boundaries.ch).

Centre for applied Boundary Studies

Möchten Sie Ihr Verständnis für Ihre Gefühlswelt und die dazu gehörenden Grenzdynamiken mit Selbsterfahrung erweitern, können Sie am „Centre for applied Boundary Studie“ Seminare besuchen.

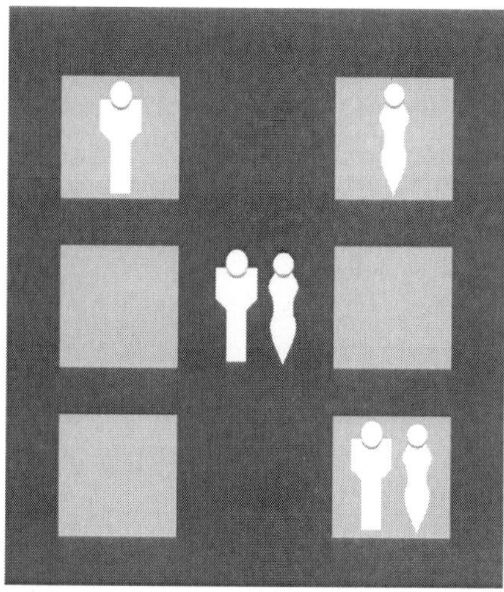

Verschiedene Aspekte der Grenzforschung werden dort ebenfalls in praxisbezogenen Weiterbildungen und Trainings, wie das Self-Boundary Awareness Training angeboten. Informationen über öffentliche Vorträge und Fortbildungen finden Sie ebenso auf der Webseite des Zentrums: www.horizologie.ch

Centre for applied Boundary Studies
Theodorskirchplatz 7
4058 Basel
Schweiz

+49 61 683 98 52
info@horizologie.ch
www.horizologie.ch

Self-Boundary Awareness Training

am Centre for applied Boundary Studies

8-wöchiger Kurs zur Stärkung der Ich-Grenze

Die Wichtigkeit der persönlichen Ich-Grenze wird am Centre for applied Boundary Studies seit vielen Jahren intensiv erforscht. In der Psychiatrie und in der Psychotherapie – wie beispielsweise in der Traumatherapie – spielt die Unterscheidung zwischen den Eigenen und dem Fremden Gefühle nicht nur für den Patienten sondern auch für den Therapeuten (sekundäre Traumatisierung) eine wichtige Rolle.

Beim 8-wöchigen strukturierten Training zur Stärkung der Ich-Grenze wird davon ausgegangen, dass jeder Mensch über einen psychischen Innenraum verfügt. Existiert eine individuelle psychische Innenwelt, gibt es auch eine Außenwelt und dazwischen eine Grenze, die die Innenwelt von der Außenwelt trennt und sie gleichzeitig mit ihr verbindet. Diese Ich-Grenze hat neben dem Schutz vor Reizen viele andere wichtige Funktionen, da die Ich-Grenze nicht nur den Austauschort zwischen dem intrapersonellen und dem extrapersonellen Raum darstellt, sondern sie bestimmt auch, was zu uns gehört und was nicht.

Die Fähigkeit, dass Menschen zwischen eigenen und fremden Gefühlen, Erfahrungen und Bildern unterscheiden können, verdanken wir dieser Ich-Grenze. Diese Unterscheidungsfähigkeit ist zurzeit beispielsweise in der Empathieforschung hochaktuell.

Die Ich-Grenze spielt eine wichtige Rolle bei der Dynamik von schönen und störenden zwischenmenschlichen Begegnungen und Beziehungen sowie u.a. auch beim Burnout-Syndrom. Trainingserfahrungen mit kognitiven verhaltenstherapeutischen Ansätzen, wie beispielsweise Mindfulness based Stress Reduction (MBSR) haben gezeigt, dass bereits ein 8-wöchiges Training zu deutlichen Lerneffekten und positiven Veränderungen führen kann. Das hier angebotene Konzept stützt sich auf dieses Wissen und deren Erfahrungen. Teilnehmer müssen bereit und motiviert sein, während acht Wochen täglich zwischen 10 bis 20 Minuten zu üben. Diese Mitarbeit ist wichtig für den Lernerfolg.

Das Grenztraining zielt darauf ab, den Teilnehmern zu ermöglichen, dass

- sie die Ich-Grenze wahrnehmen, würdigen und anderen gegenüber signalisieren können,
- sie auf sie zukommende, stärkende oder hemmende Stimuli bewusst filtern können,
- sie das Bei-sich-Sein und das Nicht-bei-sich-Sein bewusst unterscheiden können,
- sie von innen heraus mit dem eigenen Körper in Verbindung treten können,
- sie eigene Gefühle, Erfahrungen und Bilder wahrnehmen und wertschätzen können,
- sie eigene Werte und Ansichten vertreten und gleichzeitig fremde Ansichten respektieren können,
- sie diese soziale Fähigkeiten in der Familie, in der Paarbeziehung und am Arbeitsort leben dürfen.

Der Kurs eignet sich für Personen, die im zwischenmenschlichen Bereich ihre eigene Grenze zu wenig spüren und anderen gegenüber die eigene Grenze nicht ausreichend signalisieren können. Auch für Ärzte, Therapeuten, Berater, Lehrer und Sozialpädagogen bietet der Kurs eine gute Gelegenheit, Grenzdynamiken besser zu verstehen und bewusst erleben und üben zu können.

In mir und um mich herum

Ich-Grenzen dreidimensional visualisieren

Klaus Blaser

Jedermann weiß, dass alle Menschen eine eigene psychische Ich-Grenze besitzen. Nur wenige jedoch haben ein bewusstes Bild ihrer mentalen Abgrenzung zur Umwelt.

Klaus Blaser gelingt es einfühlend und präzise, mit seiner dreidimensionalen Visualisierungsmethode das unbewusste Bild der Innenweltumzäunung darzustellen. In diesem Werk bekommt der Leser ein neues Verständnis für die zwischenmenschlichen Grenzdynamiken. Mit den Grenzbildern entsteht eine ganz neue Sprache, mit der wir die eigene Ich-Grenze beschreiben können, uns in der Zweierbeziehung besser mitteilen können und in der Zusammenarbeit mit Patienten und Klienten die bisher unsichtbare Grenze sichtbar machen können.

192 S., m. Abb., kart., ISBN: 978-3-939272-96-0 ***15,90 €***